中华先烈人物故事汇

军事科学院解放军党史军史研究中心

学习出版社

中华先烈人物故事汇《关向应》编委会

目 录

Contents

引 子

关向应，满姓瓜尔佳氏，原名关治祥，笔名始炎、仲冰，曾用名李仕真、郑勤等。1902年9月10日出生在辽宁省大连市金县（今金州区）一户贫苦农民家庭，从小受当地人民反抗侵略者的故事影响，立下了长大后为民出力、为国尽忠的志向。

关向应10岁入私塾，他勤奋刻苦、聪明好学，能写一手好字、画一手好画，深受老师和同学们的喜欢及乡邻的称赞。16岁考入当地有名的高级学校普兰店公学堂，18岁又考入大连伏见台公学堂附设的商科学校。毕业后到日华兴业株式会社任职员，因不愿为日本人干活，不久便辞职回家务农。后经人介绍，进入大连泰东日报社做杂工，从此开始了解中国共产党，接受马列主义思想。

1924年关向应加入了中国社会主义青年团，成为大连地区第一批青年团员。同年冬赴苏联莫斯科东方劳动者共产主义大学中国班学习，第二年在学校加入中国共产党。五卅运动后回国，在上海从事工人运动和共青团工作，两次被派往山东深入敌后开展党建团建工作。1927年5月出席共青团第四次全国代表大会，当选为青年团中央委员、党务委员。1928年年初任团中央组织部部长。

1928年6月，关向应出席在莫斯科召开的党的六大，当选为中央委员、中央政治局候补委员、中央军事委员会委员和共青团中央局书记。1929年从苏联回国，主持共青团中央工作，次年担任中央军事委员会书记。中共中央长江局成立后，先出任常委兼军委书记，后任长江局书记。

1932年2月，关向应作为中央代表被派到湘鄂西苏区工作，任湘鄂西军委主席和红3军政治委员，与贺龙一起领导了湘鄂西革命根据地建设和红军的发展。

1934年5月，关向应领导红3军离开湘鄂西根据地进入贵州，并创建黔东革命根据地。10月下旬，与红六军团在黔东印江县木黄会师。红3军恢复红二军团番号后，贺龙任军团长，任弼时任政治委员，关向应任副政治委员。1935年11月，关向应同贺龙、任弼时等率领红二、红六军团开始长征。

1936年7月初，关向应与红四方面军在甘孜会师，红二、红六军团和红32军合编为红二方面军，关向应任红二方面军副政治委员。12月，任中央革命军事委员会委员、红二方面军政委。

抗战爆发后，关向应任八路军第120师政治委员，与贺龙师长一起领导创建晋西北抗日根据地，随后率部挺进冀中，参与指挥著名的齐会大战、陈家庄战斗等，威震华北。1940年2月后，先后任晋西北军区政委、晋绥军区和陕甘宁晋绥联防军政委、中共中央西北局委员、中共中央晋绥分局书记，为抗日战争的胜利作出了杰出贡献。

关向应患有肺病后，仍长期带病坚持工作和战斗，多次病倒在岗位上，直到累得吐血，才不得不放下工作。1941年10月被送到延安中央医院休养治疗，饱受病痛折磨的关向应，始终以惊人的毅力同疾病作斗争，凭着顽强的意志和革命的乐观主义精神配合治疗。但遗憾的是，病情一天天恶化，身体丧失了抵抗力，于1946年7月21日在延安逝世，享年44岁。

忧患中求索

少年才俊

1902年9月10日，关向应出生在辽宁省大连市金县（今金州区）关家屯一户贫苦农民家庭。其父关成贵继承了祖辈留下的十几亩薄地，和关向应的母亲一起起早贪黑、辛勤耕作。除此之外，母亲还不分昼夜地给别人织布纺线，勉强维持一家老少8口人的生活。

关向应是满族人，原名关治祥，父母给他起乳名叫喜麟子。为了党的地下工作需要，曾用过李仕真、小关、西一、郑勤、秦涛等化名，后来曾用始炎、仲冰作笔名，关向应就是他常用的名字。

关向应出生的年代，正值中国社会风云激变、民族灾难深重的时期。他的家乡辽东半岛金县，历来是帝国主义列强瓜分中国竞相追逐的目标。以旅顺、大连为中心的辽东半岛，由于战略地位重要，长久以来就是沙俄和日本帝国主义垂涎、抢夺的地方。先是甲午战争中被日本占领，清政府以3000万两白银购回后，又被沙皇俄国强行“租借使用”。1904年日俄战争爆发后，被日本侵略者再次霸占。战祸连连的摧残和帝国主义侵略者的轮番践踏蹂躏，给当地人民带来了无尽的痛苦与灾难。外国侵略者在这里制造了许多骇人听闻的罪行，欠下了一笔笔残忍杀害中国人民的血债。但中国人民并没有因日本帝国主义的暴行所屈服，金县人民前赴后继，反日斗争此起彼伏，留下了许多感人至深的英勇事迹。

关向应从小就喜欢听奶奶和父亲讲当地人民反抗侵略者斗争的故事，他特别崇拜民族英雄岳飞、文天祥、戚继光、邓世昌等人“精忠报国”的壮举，加之自幼耳闻目睹社会现状，他幼小的心灵产生了强烈的民族正义感，思想上孕育了对侵略者的深仇大恨。他经常跟小伙伴们说：“我长大了也要像岳飞、邓世昌那样为民出力，为国尽忠。”

关向应是家里的长子，懂事早，而且表现出过人的聪明才智。6岁时，就跟父亲下地干活，无论什么活一学就会。干完农活还要给家里打猪草、捡牛粪、拾柴火，帮母亲推磨、扫地、洗衣，带弟弟妹妹们玩耍。他总是闲不住，为的是自己帮助家里多干一点活，为父母减轻一些负担。他为人仗义、爱憎分明，在村里年龄相仿的孩子中很有威信。

关向应到了上学的年龄，父亲觉得不能再这样耽搁孩子了，于是跟母亲商量：“我们祖祖辈辈都没有人读过书，吃尽了没有文化的苦头，就是省吃俭用、砸锅卖铁也要送喜麟子去读书呀。”

1912年，关向应10岁那年，他终于能上学读书了，这可是关家的一件大事。父亲郑重地为他起了学名叫关治祥。关向应刚开始是在本村读私塾，他深知穷人家的孩子能够读得起书非常不易，因此学习非常刻苦。先生教的课文，他读几遍就能背、能写。一年半以后，私塾先生教的内容已满足不了他对知识的渴望，很快就转到关家屯附近的亮甲店第二蒙学堂去读书。在这里，他学习更加勤奋，每天放了学一回家，先是帮家里干活，晚饭后，就在油灯下读书、练字、绘画，经常熬得很晚。小学三年级时，关向应就练得一手清秀的毛笔字，不论是大楷小楷、行书草书，都写得有力而俊秀。逢年过节，或是哪家的红白喜事，乡亲们都要请关向应写对联、挽词、贺幛。谁家买卖土地房产，也请他帮忙写契约。对乡亲们的请求，他总是来者不拒、有求必应，还经常主动帮助穷人。街坊四邻都很喜欢他，常常夸奖说："看看人家草门楼那个喜麟子，真有出息，长大了一定不简单。"学校的老师和同学也都喜欢他，他不仅门门功课成绩名列前茅，画的水墨画也深受老师和同学们的称赞。

1918 年，关向应 16 岁时考进了普兰店公学堂，这是当地数得上的有名的高级学校。乡亲们听说关向应"要到普兰店上学去了"，都来道贺，父母亲也非常高兴，觉得自己为让孩子读书受的苦累都值得。

普兰店距关家屯比较远，为了挤出更多时间

学习，关向应寄住在学校里。星期天学校不上课，同学们都回家了，关向应也很少回家，把自己关在学校里埋头读书。除了完成学校里规定的功课外，他对古典小说和历史书籍产生了浓厚的兴趣，如饥似渴地读完《五女兴唐传》《三国演义》《列国志》《水浒传》《西游记》《国事悲》后，还读了《论语》《古文观止》等。这些书籍在当时的学校里是禁止看的，关向应想方设法借来后，只能偷偷地阅读。他常被书中的英雄故事所吸引，被他们反抗强暴、杀富济贫的豪杰行为所感动，决心长大后也要做像他们一样的英雄。他一有时间就把书中的英雄故事讲给同学们听，回家时也讲给奶奶、母亲和弟弟妹妹们听。他记性好、口才好，讲起来绘声绘色，把书上的人物故事讲得活灵活现。只要关向应一讲故事，就会吸引来很多人。书中英雄人物的事迹深深地影响着他，他一见到不公平的事，就疾恶如仇、愤愤不平地想去管。

一次，他对父亲说："您看普兰店大绸布庄的老板多有钱啊，可是，还有那么多的穷人吃不饱饭，穿不上衣，这世道太不公平了！等我长大了再说……”父亲叹了叹气说：“这都是命啊！”关向应不相信这是“命”，他要帮助穷人改变“命运”！

1920年4月，关向应以优异成绩考入大连伏见台公学堂附设商科学校。此时，随着五四运动的浪潮席卷而来，他看到了许多激动人心的新鲜事物，感受到了新思想新文化的力量，开阔了眼界，自己也情不自禁地投入到了这场从未有过的爱国运动中。同时，他也看到日本侵略者在中国土地上的霸道行径，强烈的民族意识使他感到无比愤慨，因此，更加痛恨欺压中国人民的日本侵略者，更加仇视认贼作父的汉奸、地主、资本家。

有一次，他和几个同学走在街上，碰到一个巡捕无故殴打一个学生，连忙招呼同学一起上前制止。起初，巡捕仗势蛮不讲理地咆哮道：“你们这些臭学生敢和衙门作对，你们想造反？”关向应质问巡捕：“他有什么错，犯了什么法，光天化日之下，你为什么这样毒打人？”“你无故打人就不行”“揍他”……同学们七嘴八舌地喊着，吓得那个巡捕狼狈地逃跑了。关向应不愿就此罢休，领着同学追到衙门，要找那个巡捕算账。警察局害怕引起更大的学潮，只好答应把打人的巡捕开除。面对邪恶势力，关向应挺身而出，并与其进行坚决的斗争，第一次体会到了斗争胜利的喜悦。他们的这次正义之举，也在深受帝国主义压迫的大连产生了很大影响。

报馆里的勤杂工

1922 年 3 月，关向应从伏见台公学堂附设商科学校毕业后，经人介绍，在日本人办的日华兴业株式会社做事。说是做事，其实是当整天打水、扫地的杂役。他不愿意在日本人开办的企业工作，更不愿意为日本侵略者服务，只干了一个多月，就毅然辞职回到乡下，帮助父亲种地。

金县亮甲镇的事务会会长、大地主巴树声很赏识关向应的才华，他得知关向应辞职回乡后，就派人到关家下聘书，聘请关向应到他的事务会当书记。

书记这个职务有钱有势，是一个油水大、令人羡慕的美差。来人一说，关向应的父亲就满口答应了。但和关向应商量时，却遭到坚决反对：“给日本人做事，我不干！”父亲见儿子如此态度，十分生气地问道：“这么好的差事你不干，还想干什么？”

关向应说：“不管怎么说，我就是不想给日本鬼子当差！”接着又耐心地劝导父亲：“这些年，家里为了供我读书花了不少钱，我也想早些挣钱来帮衬家里，可是不能为了挣钱，就昧着良心去做奴才呀！”

父亲知道儿子是个心志高、讲正义、有骨气的青年，听他这么一说，打心眼里感到欣慰，也就不再坚持了。

不久，关向应经人介绍，来到《泰东日报》报馆做事。《泰东日报》报馆是大连沦为日本殖民地后开办的第一家中文报馆，报社的社长虽是日本人，但主编傅立鱼却是一名爱国人士。关向应在这里做的虽然也是一些送信送报、记账和抄写等杂活，但他还比较满意。因为报馆里有各种各样的报纸和杂志可以阅读，有更多的学习机会，能了解最新信息、接触进步人士。关向应本可以住职员宿舍，但他却搬到大屋里去和工人们住在一起，和工人们交朋友，了解他们的疾苦，帮助他们解决困难。很快，关向应在这里结识了许多思想进步、志同道合的朋友，如赵悟尘、关凯材、钟鲤庭等一批坚定的革命者。他们痛恨日本帝国主义，共同探讨交流救国救民的出路，发誓“非把日本帝国主义赶走不可”！

有一次，报社饭堂里发生了一起痛打日本编辑的事件，成为《泰东日报》的爆炸性新闻。在日本统治下的“关东州”，一个中国人敢打日本编辑，这可不是一件小事。原来，这天中午，关向应和钟鲤庭买好饭，坐在靠近窗户的一张桌子上正吃着，日本编辑长井端着饭菜走过来，狠狠地把碗往关向应的桌子上一放。他是编辑，又是日本人，满以为把饭菜放这里，这两个中国“低级”工人就会乖乖地站起来，把桌子让给他。关向应看穿了日本人的心思，只顾吃自己的饭，就像没看见一样。日本编辑长井的自尊心受到伤害，于是他用命令式的口吻说："你们的走开。"

钟鲤庭说："为什么叫我们走开？"

"你们身上的太脏，我的讨厌！"

关向应给了钟鲤庭一个眼神，二人仍然悠闲地吃着，继续无视他的存在。这时，长井难以抑制心中的怒火，伸手夺过钟鲤庭的筷子扔在地上，恶狠狠地说："统统地走开，走开！"

关向应气愤不过，也一把夺过长井的筷子扔在地上。长井没想到关向应会如此反抗，端起饭碗就往他身上摔去，关向应一闪身，饭碗摔在了地上。他顺手挥起巴掌，"啪"的一声打在长井脸上。长井顿时像发疯似的扑向关向应，关向应又趁机给了他一拳，打得长井狂叫起来，整个饭堂顿时一片混乱。

就在二人扭打时，报馆的主编傅立鱼走过来，大喝一声："都给我住手！"

关向应听到主编的喝声，立刻松了手。傅立鱼是长井的顶头上司，长井自然也不敢再打了。

傅立鱼说道："你们二位刚才的表演，我是从头到尾都欣赏到了。长井君，你为什么要别人给你

让地方？”

长井说：“他们脏，他们那种气味我受不了。”

傅立鱼说：“长井君，我记得你初来时说过，你很喜欢禅。想必你知道良宽禅师（日本的禅师）的故事吧？何况他们是工人还不是小偷。”

长井听了，顿时脸红，无语地站在那里。

傅立鱼接着说：“我们既然能在一个小天地里谋事，就应相互尊重。我不希望这种事再次出现。”

长井连连称是，向傅立鱼鞠了一躬，转身走了。

关向应诚恳地对傅立鱼说：“先生，真对不起，给您添麻烦了。”

“你敢和日本人争高低，胆子不小哇！”

关向应小声说：“他日本人怎么啦，也没比中国人多长一个脑袋！”

傅立鱼拍了拍关向应的肩膀，赞许又带批评地说道：“小老弟，你气节可嘉，但此风不可长！”

关向应不解地问：“为什么？”

“古人说：‘血勇之人，怒而面赤；脉勇之人，怒而面青；骨勇之人，怒而面白；神勇之人，怒而色不变。'记住，争一时之高低，乃谓浮躁。我们中华民族的崛起，不能靠此。"傅立鱼说完就走了。

从此，报馆的人都对这位新来的关向应刮目相看了。而关向应对傅立鱼的话百思不得其解，自问道："民族的崛起应该靠什么呢？"

关向应带着这些思考，不停地读书看报，寻找救国救民的真理。尽管当时日本侵略者统治下的大连，对进步思想的宣传管得很严，但关向应还是把目光投向五四运动以来的新思想新文化。一天，他在翻阅报纸时，看到一篇题为《六个月间的李宁》的文章（"李宁"是日语"列宁"的音译）。文章介绍了苏联十月革命后的列宁，列宁的革命理论和思想强烈地吸引着他。文章作者还联系中国的现实说道："我们中国的将来，是很艰难的。不论是政治革命还是社会革命，我们不可不先有李宁行事的精神、态度、意志、方法。"这些透彻而清晰的论述，使关向应的思想豁然开朗起来，他认为要实现中华民族的崛起，就必须走苏俄式的革命道路。从此，关向应便主动参加大连地区的工人运动、参加中华工学会的活动，以图画教员的身份，把自己懂得的革命道理向工人们宣传，同时结交了很多进步人士。

有一次，他同一位进步记者透露了自己很想看看马克思、恩格斯和列宁风采的愿望。记者把关向应带到自己的住处，从箱底里拿出收藏的照片给他看，关向应手捧照片看了又看，爱不释手。

1923 年 5 月 4 日，关向应参加了由进步青年组织的纪念五四运动的集会。他在会上发表了慷慨激昂的演说："如果没有五四运动，我们中国就不能前进，古老的落后的面貌就不能改变。五四运动是中国人民反帝反封建的一次伟大的革命运动。根据十月革命的经验，中国要富强起来，就必须将工人阶级组织起来，成立自己的组织，领导人民去同军阀、日寇、地主和资本家作斗争。"最后，关向应勉励大家说："我们不能像过去那样醉生梦死地过日子，要起来斗争，胜利一定是属于我们的！"

1924 年年初，中国共产党领导人决定在东北地区开展党的工作，李大钊派时任中国劳动组合书记部代表李震瀛和陈为人二人，前往东北传播马克思主义，建立中国共产党和中国社会主义青年团组织，领导进行反帝反封建的斗争。这时，大连地区的工人运动比较活跃，李震瀛、陈为人经常以记者的身份到泰东日报社进行活动。这时他们刚好认识了正在为寻找拯救中国出路而苦苦寻觅的关向应，并把关向应、赵悟尘以及中华工学会会长傅景阳和青年会会长杨志云等进步青年作为组织发展对象。关向应也从他们那里阅读到中国共产党出版的机关刊物《向导》《新青年》，以及《苏维埃劳工政策》《列宁论新经济政策》等革命书籍，从这些书中，他明白了要解救中国，就必须起来革命，要革命就必须靠共产党领导和马克思主义的指导。

1924 年 4 月，经李震瀛介绍，关向应光荣加入了中国社会主义青年团，他是大连地区的第一批团员。这天，李震瀛找到关向应，深情地对他说："向应同志，欢迎你加入到团组织中来。不过加入团组织，只是革命的一个起点，就像我们漂游在大海上，风浪是会不断涌来的，一定要经受住大风大浪的考验。"

关向应坚定地说："请组织放心吧，我已决心把自己的一生交给革命事业，不管今后遇到什么风浪，我都不会退缩的。”

5月，李震瀛建议关向应到上海大学去学习并从事革命工作，这是关向应向往已久的事，他毅然答应了。去上海之前，关向应回家向亲人辞行，告诉奶奶和父母，自己这次去上海，是去找共产党，是为了帮助天下穷苦人民摆脱穷困和压迫，是实现自己救国救民理想抱负的绝好机会。奶奶和父亲母亲及弟弟妹妹们听了都十分高兴，都为他感到自豪。

投身革命路

从“上大”到“东大”

关向应到上海后，正处于第一次国共合作时期，他被安排住在闸北国民党上海第一区党部，他一边在闸北市民协会从事共产党领导的革命工作，一边在上海大学学习。

当时的上海大学，是中国共产党和中国国民党合作创办的一所大学，受第一次国内革命战争的影响很大。中国共产党早期的著名领导人、理论家、活动家和教育家瞿秋白以及蔡和森、邓中夏、恽代英、萧楚女、张太雷等都曾在这里任职任教，培养了大批优秀的共产主义战士，为中国新民主主义革命作出了重大贡献。

上海大学政治氛围浓厚，老师和学生思想活跃，学生中以中共党员、共青团员居多。学校教学最大的特点是理论与实践相结合，奉行的信条是“如果在第一分钟得到了清楚的结论，第二分钟便开始实行这些结论”。

关向应一进入上海大学，就被这里的革命洪流所感染，他心潮澎湃，迸发出了从未有过的激情。为了实践他的革命理想和愿望，他将原名关治祥，改成了关向应，从此，这个名字一直伴随着他一步一步走向了人生的辉煌。

在学校，关向应除了努力学习马克思主义理论等课程外，还积极参加共产党领导的革命斗争，经常深入工人群众中间宣传共产党的政治主张，号召人民起来革命。他在实践中经受锻炼，提高政治觉悟，思想进步很快。1924 年秋，中共中央决定选派一批优秀党员和青年团员到莫斯科东方大学学习，为国内革命高潮的到来准备干部，关向应成为了这次选派的人选之一。

莫斯科东方大学是一所培养东方各国被压迫

民族革命者的学校。从1921年开始，刘少奇、任弼时、肖劲光、王若飞、赵世炎、李富春、邓小平、蔡畅、刘伯坚等先后在这里学习，然后相继回国投身到轰轰烈烈的革命斗争中。

关向应来到东方大学中国班后，如饥似渴地刻苦攻读《十月革命史》《联共（布）党史》《世界革命史》《工人运动史》《政治经济学》等革命理论，同时研究苏联的建党和红军建军经验。

他在政治上积极要求进步，1925年1月，在莫斯科东方大学光荣地加入了中国共产党。

1925年5月，震惊中外的五卅运动爆发，掀起了中国的大革命高潮。国内革命形势的蓬勃发展急需大批干部领导革命斗争，中共中央决定从留苏人员中调回一批干部，关向应便中断了在东方大学的学习，离开苏联回到祖国。

关向应回到上海后，被安排在沪东区青年团部委工作。为了动员和发动青年起来同帝国主义、反动势力作斗争，他深入群众中，和青年交朋友，了解他们的疾苦，启发他们的斗志。为筹集青年活动经费，他有时卖报纸，有时在饭馆里当烧饭师傅，而自己却过着俭朴的生活，总是穿着一件旧夹袍，外罩一件蓝布大褂，显得十分朴素。

一天，从重庆来上海投身革命的青年女学生、共青团员刘伯钊，怀着忐忑不安的心情去见共产主义青年团的负责人，当她见到朴实和蔼的关向应时，心里的紧张立即消除了。谈话时，刘伯钊直截了当地说出自己来上海投身革命的目的，同时表达了希望能去上海大学学习的想法。关向应听后思考了一会儿，说："我建议你先参加工作，到工人区域去走走，比进学校有意思！"

"我不会呀！"刘伯钊直率地说。

"不要紧，学习学习就会了。到浦东去办工人夜校，教工人们唱歌、认字，和工人们交朋友。别看这件工作很普通，但有很大的意义。"关向应总是这样鼓励青年学生，让他们跳出学校圈子，到工人群众中去锻炼、去学习，去改造和提高自己。

孤身转战鲁豫

1925 年 7 月，关向应被派往山东担任中共山东地方执行委员会委员、青年团济南地方执行委员会负责人，化名郑勤。

此时的山东，被人称“混世魔王”“狗肉将军”的奉系军阀张宗昌糟蹋得不成样子。他拥兵自大，贪赃枉法，勾结日本帝国主义，镇压纱厂工人大罢工；对人民实行残酷统治，苛捐杂税名目繁多，闹得民怨沸腾，恶名四溢。他还豢养了一支白俄军队，残害无辜群众、杀害共产党人，使山东处在一片白色恐怖之中。由于遭到反动军阀的镇压和破坏，共产党的党团组织基本瘫痪，很少组织活动。

关向应来到山东后，首先在济南和青岛之间恢复建立党团组织。他联系潍县党支部书记庄龙甲、青岛阎家山党支部书记鲁伯峻、共产党员于培绪、共青团员张同俊等先进分子，奔走在济南、潍县、胶济铁路沿线及青岛市内各学校与纱厂之间。在他艰苦努力和细心指导下，济南地区的党团组织很快恢复了生机，在济南第一师范学校、一中、益都第四师范学校、曲阜第二师范学校、潍县广文中学等地建立起了革命外围组织“读书会”“三民主义学会”和“青年励进社”等，把大批青年学生和知识分子团结在党团组织周围，同军阀进行斗争。到 1925 年年末，仅潍县一带就建立了 6 个区委，80 多个大队，共有 200 多名党员，并正式成立了中共潍县委员会。

1926 年年初，济南地区的党团组织基本恢复，关向应又被派到白色恐怖更为严重的青岛，担任共青团青岛地委书记。当时，这里只剩下四方机车厂一个团支部和十几名团员。关向应在鲁伯峻和其父亲鲁佛民的掩护帮助下，马不停蹄地活跃在青岛城乡的工厂、农村、学校。而反动军阀却无孔不入，到处是他们的监探，开展党的工作异常艰难。这些都没有难倒关向应，他常常忍饥挨饿、露宿乡野，每天跑几十里路，在各种不利的条件下深入群众，同群众打成一片，在群众中开展党的工作，启发群众觉悟，同时团结各阶层人士。

鲁佛民是山东有名的大律师，也是一位富有正义感的国民党左派人士，思想激进，倾向革命，同情并支持共产党的活动。他十分欣赏关向应的才华和能力，称他是“机智、坚定、沉着、冷静，为人正派”的年轻人。他们经常在一起促膝长谈，有时一谈就是一天。当时，鲁佛民是国民党青岛市党部委员，他利用其身份和影响，在市内创办了育英小学，在工人区内开办了三义小学，并在校内安置国民党左派人士和共产党员，为共产党的活动提供秘密据点。

经过关向应等人 1 个多月艰苦工作，青岛全市团支部由 1 个很快增加到 9 个，团员由 21 人增加到 83 人，7 家纱厂有 6 家恢复了青年团组织。

1926 年 2 月的一天，青岛党的外围组织“三民主义学会”名单被敌人查获，许多会员因此被捕。关向应虽然脱身，但也遭到张宗昌的通缉，他被迫离开山东，回到上海。

关向应回到上海后，立即把山东的政治、经

济、社会等情况，以及他在山东开展革命斗争的经验作了深刻的描述和总结，以《日本帝国主义势力下的山东》为题，用笔名“仲冰”在《中国青年》第 124 期发表。文章以大量的调查资料和铁的事实，深刻揭露了日本帝国主义为“维持其特殊利益”，勾结封建军阀对山东进行渗透，以及残酷压榨中国人民的罪行；介绍了山东各地工人阶级和各界人士所进行的反抗斗争。同时，还总结了五卅运动中青岛两次大罢工的经验教训，号召人民觉醒起来，不畏强暴，与日寇及反动军阀进行顽强斗争。

此时，正值中国国民党第二次全国代表大会召开不久，大会进一步明确了“联俄、联共、扶助农工”的三大政策，决定为结束军阀割据局面，实现国家统一，对北洋政府的反动统治进行讨伐。1926 年 7 月 1 日，广东革命政府在广州成立，组建国民革命军准备北伐。7 月 9 日，国民革命军从广东起兵开始北伐。

北伐军一路势如破竹，连克长沙、武汉、南京等地，结束了北洋军阀在中国的统治，革命声威震撼全国。受北伐革命胜利的鼓舞，全国各地人民群众参加革命运动的热情日益高涨，胶济铁路沿线的昌潍、淄博、青岛等地党团组织和工会组织一下子都活跃起来了。

为迎接即将到来的革命高潮，1926 年秋，中共中央决定派关向应再次回到山东，负责山东省委和共青团的领导工作。他一到山东便化装成工人，深入已经建立共产党组织、工会活动比较活跃的铁路六厂和鲁丰纱厂，宣传革命形势，号召工人团结起来同日本帝国主义和军阀进行斗争。

鲁佛民听说关向应回到山东，专程从青岛迁居到济南，在城西关制锦市街租了一所独门独户的四合院，门口挂起他多年不用的“大律师事务所”的牌子，以此掩护党组织的活动，这里便成了山东省委活动的重要秘密联络点。

初冬的一天深夜，关向应正在这里组织召开工人积极分子会议，介绍当前的形势和任务。他压低声音说道：“如今的中国，正处在大革命的高潮中，工人农民是这次运动的主力。北伐军之所以摧枯拉朽、势如破竹，攻破长沙、占领武汉，击败北洋军阀，主要是湖南、湖北等地的工人农民运动配合了北伐军的行动。如果没有工农起来配合，单靠军事行动是不可能这么快就取得重大胜利的。所以，我们也要积极行动起来。”

他刚讲到这儿，外面发生了一阵骚动，屋里有人有些慌张。关向应镇静地说：“大家请安静，现在正是国共合作时期，反动当局还不敢公开行动。”过了一会儿，有人进来报告，说是两个白俄士兵喝醉了酒，已被几个工人连架带拖弄走了，大家这才松了一口气。

关向应接着讲道：“盘踞在山东的大军阀张宗昌，拥兵自重，高喊反对赤化，与其他军阀进行勾结，抵制革命，我们要跟他进行坚决的斗争。同时，也不能把希望寄托在国民党身上，对他们不要有任何幻想，一定要时刻想着只有自己才能救自己，自己才是最可靠的力量。”

他的话，给在场的工人以极大的鼓舞。散会时，工人们围在他身旁，一一握手告别……

关向应经常忙到深夜，有时也住宿在这里，同鲁佛民彻夜交谈，向他讲述当前政治形势和共产党的革命主张。受关向应的思想影响，不久，鲁佛

民也加入了共产党。抗日战争爆发后，鲁佛民去了延安，被毛泽东接见，后来又到陕甘宁边区政府工作。他和关向应在延安重逢时，还激动地回忆起在青岛、济南的那段革命经历，对关向应愈发钦佩和敬重。

关向应在山东不断掀起革命活动的热潮，引起了反动军阀的恐慌和不安。于是，张宗昌又对他进行通缉。

1927 年 2 月，关向应只好再次离开山东，回到上海。不久，蒋介石在上海发动了“四一二”反革命政变。危急关头，中国共产党在汉口召开了第五次全国代表大会。紧接着，中国共产主义青年团也在武汉召开了第四次全国代表大会，关向应出席大会并当选为青年团中央委员、常务委员。会后，他留在武汉工作，参与领导当地的职工运动以及青年工人和学徒的经济斗争。

当时，武汉是全国的革命中心，在北伐胜利的鼓舞下，反帝反封建和反对一切反动势力的斗争如火如荼。关向应深入到青年当中，组织和发动纱厂工人为争取合法权益的大罢工，并取得了武汉童工8小时工作制斗争的胜利。然而，风起云涌的工人运动和农民运动，却被党内有右倾思想的领导人指责为“过火”行为。关向应立即在《中国青年》上发表了题为《武汉童工争得8小时工作以后应有的努力》一文予以回击。他热情讴歌武汉童工取得的伟大胜利，同时呼吁：“虽然不能对这一小小的胜利感到满足，但也应看到这在中国职工运动史上总算是破天荒的创举，这一小小的胜利是童工血汗的积累，是童工在革命斗争过程中勇敢牺牲争取来的一点结果。”

1927年8月7日，中共中央政治局在汉口召开紧急会议（史称八七会议），批判和纠正了陈独秀右倾机会主义错误，确定了土地革命和武装斗争的总方针。会后，党中央派出一批得力干部，分别到各地传达八七会议精神，整顿各地涣散的党组织，领导土地革命和武装斗争。

1927年夏，关向应被派往中共河南省委工作。

此时的河南省，共产党员人数正在急剧减少，在不到一年的时间里，党员从1000多人减少到600多人。党组织和青年团组织合为一体，负责人也只是一人兼任，各级党团组织均不健全。关向应一到河南，就和当地党团负责人一起，在异常艰难的条件下开展工作，恢复党团各级组织，发动和领导河南南部地区的武装斗争，使这里的革命形势很快得以扭转。1927 年年底，关向应才从河南回到上海，担任共青团中央局组织部部长。

呕心沥血建党团

1928 年年初，关向应到团中央工作后，协助时任团中央书记任弼时，从思想上和组织上整顿共青团，使共青团的组织更加纯洁、战斗力更强。四五月间，前往苏联参加筹备中国共产党第六次全国代表大会。经过紧张的准备，大会于 6 月 18 日正式开幕，关向应既是大会的工作人员，参与大会的组织领导，又是出席大会的代表，分别参加各种重要会议，还代表团中央向大会致祝词。大会期间，关向应当选为大会主席团成员，担任政治委员会、组织委员会、职工运动委员会、军事委员会、湖北问题委员会委员，参加了中国革命重要问题讨论。在7月召开的党的六届一中全会上，关向应当选为中央委员和中央政治局候补委员，并任中央军事委员会委员。在随后召开的共青团第五次全国代表大会上，他当选为共青团中央执行局书记。

关向应像一名斗士不知疲倦地工作，他的身体严重透支，才26岁就患上了神经衰弱症。大会结束后，周恩来特地安排他留在莫斯科治疗。

1929年春，关向应康复回国，主持团中央的工作。不久又调到由周恩来负责的中央军事部，同欧阳钦、刘伯承、聂荣臻等人共同战斗在一起。1930年，中央军事部撤销，成立中央军事委员会，关向应担任中央军事委员会书记。为更好地指导工作，关向应先后在中共中央机关报《红旗》上发表《论武装工人的问题》《红军问题》《论士兵暴动》《同路人的叛变》等文章。受李立三“左”倾错误的影响，这些文章也一度主张搞中心城市武装暴动，在条件不成熟的情况下要求工人举行大罢工等。这些罢工惨遭失败，使刚刚恢复和兴起的革命力量又一次被反动政府镇压。惨痛的损失和血的教训，使关向应逐渐认识到“立三路线”的错误，并在1930年9月召开的党的六届三中全会上，作了深刻检查，取得了组织的谅解，还被选为中央政治局委员。

上海脱险

1930年冬，关向应调任中共中央长江局书记。

当时，任弼时任长江局组织部部长兼中共武汉市委书记，与陈琮英在武汉法租界一条热闹的街市中开了一家画像馆，作为秘密工作的联络点。关向应经常在这里与任弼时会面。他俩早年在上海共事，志趣相投、感情深厚，关向应对任弼时总是以兄长相称。在长江局工作期间，他们密切配合，想方设法挽救因“立三路线”造成的危机，稳定了各级党团组织，并与苏区保持了持续的沟通联系，及时为苏区提供情报和军事物资。

1931 年 1 月，关向应到上海出席党的六届四中全会。这次会议上，他与贺昌等人对共产国际插手改组中共中央的不正常做法，尤其是王明那种狐假虎威的作风和表现很看不惯，因此引起了王明等人的不满。会后，关向应被降为中央政治局候补委员，调到上海中央局职工部去搞工人运动。

这时的上海，仍然笼罩在白色恐怖之中。“华界”和“租界”中的中外军警特务、巡捕包探互相勾结，共同缉捕共产党的负责人和党团员、工人领袖，马路上不时有尖叫的警车，每星期都有革命者被捕或被杀害。关向应对这些危险毫不畏惧，仍昼夜工作、四处奔波，积极领导和组织开展工人运动。

1931 年 4 月，主持中央特科工作的中央政治局候补委员顾顺章，在武汉被捕叛变，供出了中共中央在上海的不少联络机关，出卖了许多革命同志。事发后，关向应没有接到撤离通知，仍按往常一样继续工作。这天，他来到作为党的秘密联络站的酱油店，经过仔细观察，并未发现异常，待他交换完情报后，被埋伏的特务跟踪到住处，遭到逮捕，被关押在公共租界的英国巡捕房。

初审时，关向应发现敌人还不太了解他的真实身份，于是便斯斯文文地申诉说自己叫李世珍，是个学者，刚从外地来上海谋生，有个亲戚住在酱油店附近。敌人虽然搜查到一箱文件和材料，但没有弄清文件的内容和性质，审了半天也没审问出什么名堂，却又不甘心轻易放过他，就继续把他关在巡捕房里。

刚开始，党中央并不知道关向应被捕。一天，中央安排在敌人机关里工作的人员向主持中共中央特科的周恩来汇报工作，提到刚被捕的李世珍时，立即引起了周恩来的注意。经过详细查询，周恩来断定李世珍就是关向应。由于敌人从他住处抄去了一大箱文件非常重要，会对党的事业造成严重威胁，也对关向应的安全极为不利。于是，周恩来亲自研究和布置营救措施。首先抢救文件，这样，一是可以避免泄露党的机密，二是可以消除暴露关向应身份的证据。

营救工作在周恩来的组织指挥下进行，由负

责情报工作的陈赓出面，通过与他熟悉的“双面间谍”、国民党中央组织部调查科驻上海特派员杨登瀛，到英租界巡捕房要求引渡犯人和接管文件。英国人正为如何处理这批文件发愁，也不好断定李世珍的身份，但也不肯轻易转手。经过谈判，英国人同意由杨登瀛推荐专家到巡捕房鉴别文件。陈赓得知后，趁机将在特科做情报工作的刘鼎派去办理此事。刘鼎遵照周恩来的指示，巧妙地将手抄和复写的中央文件偷了出来。

几天后，“鉴别专家”刘鼎拿着一叠油印材料告诉英方：被捕者李世珍是一位学者，家里的这些文件都是学术研究资料。结果，就这样把英国人敷衍过去了。

关向应被捕后，始终没有暴露自己的身份，国民党也没拿到这些文件，英国巡捕见关向应不是什么重要犯人，就把他移交到上海龙华淞沪警备司令部监狱。这里关押的大都是共产党员，他们在监狱里秘密成立了狱中党支部，为的是保护重点狱友，并组织监狱中的共产党员及其他政治犯与敌人进行抗争。

关向应被关进这里后，遇到了在大连泰东日报社工作时结识的共产党人李震瀛和陈为人，当时他们都是狱中的支部委员。于是，关向应成了狱中支部的重点保护对象。支部不布置他做任何工作，让他装得庸庸碌碌，避免暴露身份。

关向应在监狱里经常给狱友讲故事、拉胡琴、唱京戏，一副无忧无虑的样子，根本不像政治犯。6 月的一天，他发现一个曾与他见过面的罗某被关押进来，同他关在一个牢房里。由于担心被他认出暴露身份，关向应一反常态，面壁卧床多日。监狱支部发现后，通过看守将那人转了出去，关向应才又恢复了往日的生活。

周恩来让陈赓抓紧研究营救方案，以免夜长梦多发生危险。经过研究，陈赓决定将营救关向应的工作交给共产党领导的互济总会营救部部长黄定慧。

黄定慧也叫黄慕兰，湖南浏阳人，出身名门，气质不凡。她接受营救关向应的任务后，以救表兄的名义，找到上海知名律师陈志皋，请他出面帮忙保释。陈志皋满口答应，愿意为关向应担任辩护律师，还邀请黄慕兰到他家里去拜访时任上海法租界会审公堂刑庭庭长的父亲陈其寿，争取得到父亲的同情和支持，便于利用陈其寿的影响力，使关向应的案子尽快了结。

通过多方努力，1931 年年末，关向应终于被宣判无罪，被组织营救出狱。出狱那天，关向应西装革履，乘坐豪华轿车，由黄慕兰陪同离开被关押了近 8 个月的监狱。

在关向应出狱前的 11 月 7 日，中华苏维埃第一次全国代表大会在江西瑞金召开，他当时虽然还在狱中，却被推选为中央临时政府执委会委员、中央革命军事委员会委员。

关向应出狱后不久，就被中共中央作为中央代表派往湘鄂西苏区工作。随即，他在中央特科负责人潘汉年的陪同下，离开了生活战斗 6 年之久的上海，踏上了去湘鄂西红色根据地的征程。

风雨湘鄂西

初到瞿家湾

湘鄂西革命根据地，位于湖南和湖北两省西部交界地区，由几块大小不等的根据地组成，位于长江与汉水之间，战略地位重要，是第二次国内革命战争时期全国重要的革命根据地之一。

这块红色根据地，是在南昌起义失败后，根据党中央的决定，由贺龙、周逸群、卢冬生、贺锦斋等人经过几年的浴血奋战建立起来的。经过斗争，创建了以贺龙为总指挥、周逸群为政治委员的红二军团，还将以洪湖为中心的革命根据地范围扩大到 17 个县。

1930 年 9 月，周逸群调任湘鄂西苏维埃联县政府主席，中央任命刚从莫斯科回国的邓中夏任湘鄂西特委书记兼红二军团政委。邓中夏刚一上任，就传达中央要求红二军团配合红一、红三军团攻打长沙的指示，结果使部队遭受了重大损失，减员严重。不久，中央指示红二军团缩编为红3军，贺龙任军长，邓中夏任政委。1931年9月底，万涛任红3军政委。

1931年1月党的六届四中全会后，以王明为代表的“左”倾教条主义路线统治了全党。中共中央指派刚增补为中央委员的夏曦到湘鄂西。不久，湘鄂西分局成立，夏曦任书记。他取得湘鄂西苏区党政军最高领导地位后，以开展所谓“反右倾”斗争、“改造”各级党的领导为名，进一步推行“左”倾冒险主义路线，否定湘鄂西苏区创造的所有成绩。他先是把周逸群排除在领导集团之外，接着为了控制红3军，又排挤军长贺龙和政委万涛。他以红3军一贯右倾为名，擅自取消红3军的军、师级指挥机关，将部队改编为5个大团，受湘鄂西中央分局直接领导，也就是由他直接指挥。

失去指挥权的贺龙，军事才能不仅得不到正常发挥，而且夏曦还以种种借口排挤他。可是贺龙偏偏舍不得离开他一手培养起来的部队，也舍不得离开这一方土地。尽管受尽委屈他还是忍了。看到军事上的接连失利，贺龙心里感到非常焦虑，只有他那只烟斗能排遣心中的苦闷，因此他总是含在嘴里吸个不停。湘鄂西苏区军民对夏曦的做法都很不满意，在各种会议上公开提出批评，甚至怀疑夏曦的领导。意见反映到省委，省委虽对夏曦提出了批评，但无权撤换夏曦的职务。因此，请示中央另派干部来加强对红 3 军的领导。

就在这个时候，关向应以党中央代表的身份来到湘鄂西苏区，参加湘鄂西中央分局的领导工作。关向应于 1932 年 1 月下旬到达这里，刚到不久，夏曦就组织召开湘鄂西第四次党代表大会。会上，代表们对湘鄂西中央分局书记夏曦近一年来的工作提出了严厉的批评，会上意见分歧很大。而刚来苏区的关向应，由于不了解情况，在大会上照本宣科地传达了“左”倾中央对湘鄂西工作的指示，这无疑是对夏曦错误路线的有力支持，使贺龙的处境更加艰难。

但关向应很快感觉到王明“左”倾中央的那一套不符合苏区的实际，对红军的发展有很大的负面影响，他认为不能再这样继续下去了。虽然在组织程序上传达了“左”倾中央的指示，但在很多重大斗争决策上，他还是从湘鄂西苏区实际出发来作出建议和决定。

一天晚上，天上飘着雪花，贺龙把自己关在屋子里，也不点灯，凝视着窗外，心潮翻滚，一口接一口地抽着闷烟，满屋飘浮着烟气。这时，关向应在外面转了许久，最后还是决定去找贺龙把自己这几天的想法讲出来。

他来到贺龙住处，推门刚喊了声：“贺军长！”就被屋里浓烈的烟味呛得咳嗽起来。

贺龙见是关向应，连忙灭了烟，满是歉意地说道：“是党代表啊，天下着雪，你还来看我？”

关向应边咳嗽边说：“贺军长，你这屋里太闷了，要不咱们出去走走？”

“要得。”贺龙随手拿了一件大衣，跟着关向应出了屋。

两人踏着茫茫白雪，在瞿家湾这块湘鄂西革命根据地的临时“省会”缓缓地走着。

关向应首先打破短暂的沉闷，说道：“贺军长，这几天我心里很沉重，也不敢来见你呀，我不该在你最困难的时候……”

“党代表，你别这么说……我对你是信任的啊！”

“这就好，这就好！”关向应说道。

贺龙接着说道：“你刚来，不了解这里的情况。再说嘛，你对党中央的指示，也只是照本宣读。我听得出来，那里面并没有你的话。”

关向应被贺龙豁达的胸怀所感动，心中一下子释然了。

关向应到湘鄂西后，经过调查发现了许多问题，特别是认识到夏曦的错误做法之后，决心要扭转这个局面。今天主动来找贺龙，就是想谈关于改变现状的想法，他决定先从恢复红3军建制入手。

贺龙听了关向应对时局的分析和考虑后，连忙从嘴上拿走烟斗，兴奋地说：“党代表，我完全赞同你的想法，我们不能总这样拖下去了，湘鄂

西不能再成为夏家天下了，这会使我们自己把自己搞垮的呀！”他说到这儿，忽然又叹了口气说：“当然啰，党代表，你的意见事关重大，也非同小可啊！”

“贺军长，正因为事关重大，我才要这么做。不过，只要有你和指战员们的支持，我是什么也不怕的。我真的什么也不怕！”

贺龙没想到这些话是从这么一个瘦削的人嘴里讲出来的，语调虽不铿锵，但这些话的分量让贺龙深受振奋，两双大手紧紧地握在了一起……

第二天，关向应和贺龙一起来到中央分局所在地，开始了和夏曦的长谈。

关向应开门见山分析了当前根据地的形势，尖锐地指出目前的部队建制根本无法扭转被动局面，提出了红 3 军不仅要恢复，而且要扩大。

夏曦没料到这个问题如此突然地摆在了他面前，竟然一时说不出话来。

贺龙趁机说道：“党代表的意见我赞成，形势的发展，5 个大团根本无法应付。敌人调兵遣将，准备对我们进行规模更大的‘围剿’，我们不能等着挨打，恢复红 3 军建制，势在必行，一日不可再拖。”

夏曦连忙找出理由搪塞道：“小关的意见我赞成，但是我们的队伍不纯，干部难办。”

“我在中央工作多年，我了解中央对贺龙同志的评价。贺龙同志是我们党久经考验的军事家，为革命作出过重大贡献，党是相信他的。”关向应是中央政治局候补委员、中央革命军事委员会委员，他作为中央派来的代表，有权代表中央说话。

夏曦无言以对，只好说道：“既然中央信得过，就恢复他的军长。关向应同志，我考虑你在中央负责过军事工作，这次下来，你还是到部队去工作吧，这军政治委员，非你莫属了。”

关向应知道，夏曦是想保留自己湘鄂西分局书记的职务。为了尽快投入实际工作，关向应同意了夏曦的建议。

两天后，关向应主持召开了红 3 军军直干部大会。好久没有以这个名义召开大会了，来开会的军官们都怀着激动的心情，提前来到了会场。他们在议论，猜测今天会议的内容。虽然不知道会议内容，但从军直干部大会这个名称上，他们似乎觉察到了一些好征兆，脸上洋溢出了好久不曾有过的笑容。

贺龙和关向应走来了，夏曦也来了，会场上顿时鸦雀无声，人们都渴望会议有爆炸性的内容宣布。宣布开会后，关向应首先讲话，他说：“贺龙同志是我们党久经考验的军事家，为革命作出过重大贡献，党是相信他的！”会场上立刻响起了热烈的掌声。

当关向应代表党中央宣布恢复红 3 军指挥机关，由贺龙继续任军长时，会场沸腾了，雷鸣般的掌声经久不息。

1932 年 2 月初，关向应任中革军委湘鄂西分会主席兼红 3 军政治委员。随后，他组成了以关向应、贺龙、夏曦、段德昌、万涛 5 人为核心的军委主席团，领导红 3 军转战襄河两岸，连续粉碎敌人对洪湖苏区的多次“围剿”。

当时，敌人还在不断地从四面八方向根据地扑来，在贺龙、关向应的领导下，红 3 军指战员发扬连续作战的作风，英勇顽强、敢打敢拼，击败了敌人的进攻，巩固了襄河北岸的苏区，收复了潜江县城，缴获了3000多条枪支，改善了自己的装备，主力部队和地方武装都有了很大发展。

到1932年夏，尽管有“左”倾错误的干扰，关向应和贺龙带领部队在3个多月的时间里，共歼灭国民党军2个旅、2个团、3个营，在应城一带生俘敌第4师第12旅旅长张联华，在文家墩生俘敌第48师第144旅旅长韩昌峻。湘鄂西革命根据地得到巩固和发展，苏区扩大到20多个县，红军和地方武装发展到3万多人。

出路就在脚下

1932年6月，蒋介石调集50万大军向各根据地发动第四次“围剿”，其中进攻湘鄂西的兵力达10万以上。“围剿”开始时，贺龙、关向应主张摆脱正面进攻之敌，将优势兵力集中到外线作战，寻机消灭敌人有生力量，粉碎敌人的进攻。在分局召开的会议上，关向应积极支持贺龙制定的作战方针，称赞地说道：“这样做不但可以粉碎敌人的‘围剿’，而且可以打开襄北的斗争局面。”然而，这一正确决策，却遭到了夏曦把持下的中央分局的拒绝。

夏曦提出“寸土必争”“夺取平汉路”等口号和所谓的“在军事上只准打仗，不准休整；只准打大仗、打硬仗，不准搞游击战；只准打宜昌、沙市、武汉，不准打小据点”的战略。最后争论的结果是，夏曦只让贺龙、关向应率5个团出击襄北，而把大部分兵力留在襄南由自己掌握。

8月底，关向应与贺龙率领5个团出击襄北，渡过汉水。此时东线的国民党军冲进了洪湖腹地，整个苏区的红军部队陷入危险境地。贺龙听到这一消息后，心情十分沉重，关向应劝他：“难过没有用。唯一的办法是赶紧组织突围，我们不能把党千辛万苦培养起来的这支队伍丢失在洪湖！”于是，他们率领出击襄北的5个团退出洪湖，一路上与前堵后追的敌人拼死搏斗，到9月底，才突出敌人的包围，将部队带到襄北大小洪山一带。

夏曦带领的留在苏区的大部分红军，由于阵地防御，分兵把守，在国民党强大兵力的进攻下，节节败退，连续丢掉了周老嘴和瞿家湾。即便如此，夏曦仍然坚持“不放弃苏区的每一寸土地”的错误主张，在狭小的范围内继续作激烈抵抗，使部队损失更加惨重，先后有3位团长和1位团政委阵亡，最终导致洪湖苏区第四次反“围剿”失败。他们被迫撤离洪湖地区时，没有进行必要的善后工作，中央分局所在地瞿家湾的党政机关、工厂、医院、赤卫队、少先队员和数千名群众，都留在敌人封锁区来不及转移，处境十分危险。关向应和贺龙得知这一情况后，立即派贺炳炎和宋盘铭骑兵队前去救援。骑兵队突破敌人重重封锁，杀回洪湖，将3000多名机关干部、赤卫队、少先队员及革命群众带到大洪山会合，使他们免遭敌人的血腥屠杀。

10月下旬，湘鄂西中央分局在湖北枣阳县王店召开会议，讨论红3军的转移问题，决定全部向湖北西部的鹤峰县转移。鹤峰一带山高林密，有利于开展游击战争，但由于连续作战，人员体力、弹药消耗大，部队党的组织也不健全。在这种情况下，如果强行通过敌人重点把守的地区将是十分困难和危险的。会议最后决定迂回前进，绕道河南南部、陕西南部、四川东部，然后进入湖北西部。

部队边打边走，克服重重困难，终于在 1932 年 12 月底，转战几千里后到达湘鄂边的鹤峰县，攻下了县城，全歼保安团，在这里稍作休整。这时红 3 军已从出发时的 1.5 万余人减至 9000 多人。丢掉了洪湖苏区，这本来是“左”倾冒险主义的恶果，却被夏曦认为是由于肃反运动搞得不彻底和所谓“改组派”的捣乱，于是又开始进行大规模的肃反运动，连续逮捕了湘鄂西军委分会的参谋长唐赤英和红 7 师师长王一鸣，以及团、营干部 200 多人。

尽管贺龙是军长，关向应是军政委，但指挥权始终被夏曦控制。夏曦是书记，贺龙和关向应的意见他执意不听。他做出的决定，党委领导下的红

3 军又不能不执行。而此时，红 3 军与党中央又失去了联系，唯一的一部电台也丢失了。没有了党中央的命令和指示，夏曦更加为所欲为。

一天，贺龙和关向应看到了一个奇怪的“犯人”，脚上戴着脚镣，青布蒙头，露出一双怒气冲冲的黑眼，恐怖极了。他们正要询问，那“犯人”突然声泪俱下地叫了一声：“军长！政委！”贺龙认出来了，他是大名鼎鼎的虎将贺炳炎，一个从小就跟随自己干革命的红军军官。是他，带领骑兵大队冲破重围，杀回洪湖将瞿家湾的夏曦和 3000 多名党政干部、赤卫队员安全转移出来的，他怎么也被抓起来了？

肃反委员会凌驾于红 3 军党政机关之上，抓谁、杀谁根本不和红 3 军首长打招呼，全由他们说了算。

看到连贺炳炎这样的优秀指挥员都被抓起来，而且是被这样对待，贺龙和关向应怒气冲冲地找到了夏曦。

“为什么要抓贺炳炎？”贺龙进门就质问夏曦。

“有个改组派说，曾请他下馆子吃过一次饭，其实那是开黑会，搞阴谋。”

“他们开啥子黑会，搞啥子阴谋？你查清了没有？”贺龙质问道。

夏曦却无言以对。

贺龙再也控制不住自己的情绪，他一拍桌子说：“别人说你就相信了？他要是反革命，他为什么还会冒着生命危险，率领骑兵大队去救你和3000多名同志？”

“夏曦同志，”关向应也改变了慢声细语说话的习惯，有些激动地说，“你们说他们是改组派，我们又不能去全国做详细的调查，无法向你打包票。可是，你们也应该看看他们的现实表现呀？何况，像贺炳炎这样的干部，贺军长是知根知底的，你们问问贺军长不就妥了嘛！”

“我跟你说！”贺龙气犹未消地吼道，“贺炳炎你必须给我放掉，还有红8师政委谷志标，你们不能杀了朱生文师长，就一定株连他。你晓不晓得，他是我贺龙从洪家湾带出来的，他是不是反革命，我还不晓得？别人打不了包票，像谷志标、贺炳炎这些我知根知底的也打不得包票吗？我向党负完全责任，他们要是反革命，连我贺龙也一起捆！”

在贺龙、关向应义正词严的质问下，夏曦只好下令放了贺炳炎和谷志标。

贺龙、关向应对夏曦肃反扩大化造成的恶果，表示出极大的愤慨。看到部队被整成这样还要肃反，贺龙心如刀割，他对关向应说：“不能再肃，再肃部队就垮啦！”

在一次会议上，贺龙忍无可忍，拍案对夏曦吼道：“你杀了这么多人，还要杀，你是什么党员？”夏曦盛气凌人地威胁说：“你在国民党里做过大官……你是军阀！”贺龙毫不示弱地喊道：“我要是军阀，你就是国民党……”

关向应见他们吵得激烈，急忙劝劝这个，又说说那个，费了好大的劲才平息了这场轩然大波。

由于连续作战，加上劳累和内外操心，关向应又病倒了。贺龙十分忧虑，这样下去怎么得了？一天，贺龙半夜醒来，再也睡不着，抽了好几斗烟，还是放心不下政委的病情，于是披衣出门去看他。

贺龙远远地看见关政委的屋子里竟还亮着灯，敲门进去，只见关向应躺在床上看书，脸庞消瘦得更厉害了，他从心底里佩服起这个年轻人来。心想，到底是工人出身的，肚量就是大呀！

贺龙进屋便关切地说道："关政委，你病了，怎么还不睡？天都快亮了！"

关向应惊喜地说道："贺军长，是你给我整的那几服药很灵，我吃了后强壮了不少。"接着又沉重地说："近些时部队发生的事，着实让人担心呀！我是想睡，却怎么也睡不着呀！面对现在的局势，我在想，我们不能再这样硬打下去了。"

"可是，硬是要照着王明同志的指示这样打下去，让不了解情况的人瞎指挥，真是会害死人啦！"贺龙无可奈何地说道。

"这一点，我太了解了。我过去在主持中央军委工作时，也犯过这样的错误。根据目前的情况，我们不能再盲目地执行不切实际的指示了。封建社会，尚且有将在外君命有所不受，何况我们现在又与党中央失去了联系，今后的路，我们应该自己走下去。"

“这路在何方？”贺龙问道。

“贺军长，我想先听听你的意见。”

“那我就将这几天的想法倒给你。”贺龙信心满满地说，“我一直在想，现在的困难又算得了什么？南昌起义失败后，我们只来了 7 个人，没几年的时间，湘鄂西革命根据地就开辟出来了嘛！所以说，要告诉同志们，在任何情况下，都不要悲观失望，要相信革命一定能成功。不然，革命就进行不下去了。”

“你说得太对了！”关向应兴奋起来，接着说道，“这种观念我们一定要好好地向指战员们讲清楚，坚定我们红军必胜的信念。贺军长，你往下讲。”

“政委，你莫夸我呀，我这个人粗得很，没上过几天学，思考得不一定那么细。可我贺龙，找党、找真理、找好的领导，找了快半辈子才找到。我最信仰共产党，也相信辩证法。我在想，山鸡要有个山头，白鹤要有个滩头，红军没有根据地不行。可是，现在敌人太多，硬是要用这种硬对硬的打法不行。我的看法是，我们红军可靠的根据地就在自己的脚板下。”

“好！贺军长，你说得太深刻了！”关向应双眼充满了兴奋的光亮。

“政委，有你的支持，我心里就更有底啦！”两个视红军为生命的老革命，在远离党中央的情况下，在严峻复杂的对敌斗争和党内矛盾中，又坚定地站在了一起。他们开始认真分析形势，细心研究下一步的工作，直到初升的霞光映红了东方的天际。

枫香溪会议转危机

1933 年 1 月 13 日，红 3 军攻取了湖南省的桑植县城，贺龙带领红 3 军再次回到家乡，受到当地人民群众的热烈欢迎。号称“湘西王”的陈渠珍慑于红军的声威，一边加强戒备，一边主动写信给贺龙和关向应，表示愿意让出一部分地盘给红军，希望能同红军达成互不进攻的协议，企图在红军和蒋介石的武装斗争中保存实力。

贺龙和关向应及各师的领导干部都认为，部队经过突围和长距离转移，已经极度疲劳，应当利用敌人内部矛盾，获得一个休整的机会。此建议却遭到夏曦的极力反对，说这是革命不彻底的表现，强令红3军部队向陈部发起进攻，结果红3军在作战中失利。

就在此时，夏曦觉得什么人都靠不住了，认为党团组织和苏维埃政府都是“敌人”在把持，于是他又提出解散党团组织、“创造新红军”的主张。这一主张，立即遭到关向应的坚决反对，质问他：“军队是党领导的军队，军队哪能没有党团组织？”贺龙一听也火了，说：“解散党，我不同意。我在旧军队时就想参加党，到南昌暴动后才入党。红军是党领导的，党解散了怎么能行？”

事后，贺龙认为撤换夏曦分局书记的职务势在必行，但他没有这个权力，于是动员关向应说：“关政委，你当书记，你来搞吧。要么，我们开个会选举一下，看选他还是选谁。”

关向应对贺龙也直言相劝：“你这也是无组织

无纪律的做法！书记是中央任命的，怎么能咱们选谁就是谁？”贺龙只好收回了自己的意见。

3月24日，湘鄂西中央分局在巴东金果坪召开扩大会议，这次会议的本来目的，是要检讨洪湖根据地失守的原因教训。但是，分局书记夏曦没有从严重的失败中吸取教训，反而一面消极悲观，一面坚持并发展错误，使肃反继续扩大化。会上，夏曦不顾其他成员的反对，一人拍板，强行作出了“解散党、团组织和苏维埃政府”的错误决定。他不但解散了党团组织，也取消了连军队中的政治机关、各级苏维埃政府和一些群众性组织，还大肆叫喊要“清党”。一时间，红3军部队上下人心惶惶。最终，湘鄂西苏区和红3军中的党团组织，只剩下3个机构和4个党员。机构是：中共中央湘鄂西分局、负责肃反工作的分局秘书处、红3军军务部政务科。党员是：贺龙、关向应、卢冬生和夏曦。夏曦另外还组织了一个“湘鄂西省革命军事委员会”，这个委员会名义上是由夏曦、贺龙、关向应、卢冬生等7人组成，实际上大权掌握在担任主席的夏曦自己手中，继续顽固推行王明的“左”倾错误路线。

面对夏曦的倒行逆施，与会同志忍无可忍，纷纷发表对“解散组织”和“肃反”的看法。有人刚说了几句，夏曦就抢过话：“请不要再指三说四了，王明同志最新指示，说我们分局做法正确，只是措施还不够得力。”

贺龙气愤地反驳道：“还不得力，再得力，部队还要不要干部了？”

关向应站起身来，指着夏曦质问道：“支部建在连上，这是毛委员三湾改编时的经验，实践证明是成功的，你为什么要撤销？”

夏曦扯高嗓门说：“不要摆你的老资格，也不要以政治局候补委员来压人，我不听任何人的，我只执行王明同志的指示。”

贺龙一拍桌子说：“红军是党的军队，党的军队没有党团组织行吗？你想要做啥子嘛？”

夏曦也火气十足地拍着桌子叫道：“贺龙，你不要太狂哟！你入党才几天？你懂啥叫马列主义？告诉你们，你们太右倾！党团组织不纯不解散行吗？我们为了使党更加布尔什维克化进行的这场斗

争，就是要反对你们这些右倾分子！毛泽东不比你名气大？他搞富农路线也照样行不通，也靠边站了嘛！”

严峻的斗争形势对关向应无疑是一个极大的考验，他名义上是红3军政委，而夏曦却不给他配备政治机关，并常常以右倾机会主义、“立三路线”的帽子来压他。关向应不盲从，也不隐讳自己的失误。相反，错误和挫折使他头脑更加清醒起来。为了挽救红3军，他没有动摇和胆怯，而是和贺龙一起，一方面决心同夏曦的错误路线斗争到底，另一方面立即派人将红3军及根据地的情况迅速向中革军委做了汇报。

1933年7月，蒋介石得知贺龙、关向应又在湘鄂边活动，急派“湘黔川鄂边剿匪总司令”徐源泉指挥3个旅又6个团，从4个方向对红3军进行围攻，把红3军围困在宣恩东北角栗谷湾一带狭小的荒芜山区。面对这种形势，分局决定由夏曦带领机关及红7师在鹤峰县苏区坚持斗争，贺龙和关向应带领军部、红9师和教导团转入外线，到鄂川交界一带去开辟新的根据地。

贺龙、关向应率领红3军一部，经过艰苦努力，先后在湘鄂川边境各县建立了规模不等的地方武装，使根据地有了一定程度的恢复和发展。而夏曦带领的红7师，一开始就偏离了“巩固苏区”的目标，行动中只顾长途奔袭，没有与根据地的斗争结合起来，以致原定的发展巩固苏区的计划未能实现。

12月初，贺龙、关向应率领所部在恩施与夏曦率领的红7师相遇，一同转移到咸丰大村，这时全军只剩3000余人。分局领导开会讨论湘鄂边区失败的教训与当前的任务时，关向应提出两个办法：一是进兵川东南的酉阳、秀山、黔江地区，开辟新的根据地；二是向江西中央苏区和川陕苏区靠拢，以保存革命实力。

贺龙同意进军酉、秀、黔的主张，他说：“为什么要靠方面军呢？难道我们手里不是枪，肩膀上没有扛着脑壳吗？”

夏曦已经一筹莫展，打不起精神。此时面对失败的局面，他也知道自己要负主要责任，因此，也没有多说什么，表示同意关向应和贺龙的意见。

12月下旬，红3军从活龙坪出发，向川东南挺进。12月22日，一举攻占了黔江县城，歼灭川军一个城防团大部，补充了枪支弹药和给养，部队士气大振。翌年4月，红3军又重返利川、咸丰一带，开辟了鄂川边根据地。5月，红3军冒着大雨，从百里之外出敌不意奔袭了彭水县城，俘敌400多人。6月，又东渡乌江，占领了沿河县城。

接连几次胜利，使红3军在川黔边界有了部分地盘，当地人民群众也被发动起来。关向应和贺龙感到纠正夏曦"左"倾错误、恢复党团组织、创造新的苏区的时机已经成熟。他们找卢冬生商量，并得到支持。经过3人共同努力，于1934年6月19日，在贵州德江县的枫香溪召开了由夏曦、贺龙、关向应、卢冬生等参加的湘鄂西中央分局党委扩大会议。会议由关向应主持，他总结了1年多时间里红3军转战湘鄂西、历尽艰辛、人员从1万多人减少到3000多人、几乎濒临灭亡的教训，对夏曦的"左"倾错误进行了严厉的批评，提出了停止肃反、整顿红3军、重建党团组织、恢复政治机关、创建黔东特区革命根据地的建议。

会上斗争十分激烈。夏曦开始仍然拒不接受大家的批评帮助，反而不指名地批评关向应，认为这一主张是对形势的悲观失望，是对革命产生动摇的右倾思想作怪。贺龙听了夏曦的谬论，怒不可遏地说："发动群众建立根据地的主张是关政委讲的，他的意见有什么错？毛主席、朱总司令在中央苏区就是这么干的嘛！"在关向应和贺龙等人的坚持下，会上正确的主张占了上风。夏曦在连续失败和挫折面前，也初步认识到了自己的错误，不得不接受同志们的正确意见，同意在黔东建立新的根据地，并决定恢复党团组织和政治机关。

枫香溪会议后不久，关向应和贺龙迅速恢复了红 3 军政治部，配备了团一级政治委员和连一级指导员，还恢复了军党委，在红军中重新建立了党和团的组织。

政治工作的恢复和加强，使部队增添了新的活力。1934 年 7 月 21 日，红 3 军在沿河县铅厂坝召开了黔东特区第一次工农兵苏维埃代表大会，到会代表 130 多人。大会通过了《没收土地和分配土地条例》《扩大红军及地方武装问题决议》《优待红军家属条例》等文件，选出了由贺龙、关向应、夏曦、卢冬生等人组成的黔东特区革命委员会，黔东人民破天荒地有了自己的政权。

7月下旬，党中央的交通员来到沿河地区，送来了中共中央5月6日发出的责令立即停止肃反扩大化的指示和党的六届五中全会决议。中央的指示信还着重批评了湘鄂西中央分局肃反扩大化和解散党团组织的错误做法，严厉批评了夏曦等人“完全不相信群众和自己的同志，解散了地方所有的党部和团部，而将反革命力量夸大到不可思议的程度……我们绝不能同意你们的意见：‘党团干部十分之九为改组派’……简直是攻击与污辱苏维埃制度，破坏苏维埃的威信”。

1934年1月，中共中央在瑞金召开党的六届五中全会，关向应虽没参加会议，但仍继续当选为中央政治局候补委员。同月底，在瑞金召开的中华苏维埃第二次全国代表大会上，他再一次当选为中华苏维埃共和国中央执行委员。

湘鄂西根据地中央分局开会讨论了中央的

指示，完全接受中央的批评。从此，结束了长达两年多时间的“左”倾冒进错误和残酷的肃反工作。

肃反运动和解散党团组织，给部队造成的伤害是巨大的，恢复起来也需要一个艰难的过程。为此，关向应走遍了全军所有的连队，进行了深入细致的思想工作，亲自主持党员登记，重新组建党支部。他还根据中央红军的政治工作经验，结合红3军的实际情况，制定出红3军政治工作制度，编写出通俗易懂的政工小册子《反对好好先生》印发全军，对统一干部战士思想、加强部队组织纪律建设起到了很好的作用。

枫香溪会议停止肃反之后，大家一扫过去心头上的阴霾，对未来胜利充满了信心和希望。当时红3军不过两三千人，但从上到下生气勃勃，干部战士生龙活虎。在贺龙、关向应的带领下，红3军英勇出击，沉重打击了黔军第3师傅恒中旅、李成章旅及酉阳县南腰界团总冉瑞廷部，同时在黔东各地广泛发动群众，一时间出现了生机勃勃的喜人景象，极大地震撼了湘鄂川黔敌军。

红二、红六军团会师

1934年7月23日，中共中央、中革军委训令红六军团退出湘赣苏区，转移到湘中创建新的根据地。训令中说："中央书记处及中革军委决定，六军团离开现在的湘赣苏区，转移到湖南中部去发展扩大游击战争及创立新的苏区。"

8月7日，由中央代表任弼时和军团长萧克、政治委员王震组成的红六军团军政委员会，率领红六军团从湘赣苏区一路西进，历时60多天，跨越敌境5000多里，冲破了敌人的围追堵截，于10月初到达黔东石阡甘溪附近。这时，突遭桂军主力部队的拦截，红六军团参谋长李达率领先遣队突围后，向北寻找红3军。他们并不知道红3军的确切行踪，只是从国民党报纸上看到贺龙部"流窜"在这一地区。李达沿途询问老百姓，走了8天才找到枫香溪。

此时，贺龙和关向应也从四川的报纸上看到消息，说：红军第六军团最近闯进黔东黄平、瓮安一带，正与湘桂黔三省追兵交战中。于是，他们商量决定，带领部队主动前去接应。

10月15日，李达率领的先遣队到达沿河县蛟岩乡水田坝地区时，给贺龙写了一封信，大意是：我们是红六军团，奉中革军委命令前来寻找红3军会合。我是李达，率先遣支队走在前头，盼和贺军长尽早会面。

贺龙见信喜出望外，立即和关向应赶赴约定地点与李达会面。当得知红六军团主力还在同敌人战斗时，便与李达一起迅速研究了接应红六军团的办法。第二天，贺龙和关向应就带领红3军主力沿着梵净山东麓疾进，深入敌区400多里，于10月24日上午到达印江县木黄镇，找到了红六军团主力。

任弼时和萧克、王震得知他们日夜寻找的贺龙和关向应带领部队赶来接应时，都有说不出的高兴。任弼时和关向应在团中央工作时就是老相识，能在此时相见，感到格外激动。此时任弼时正患重疟疾，身体很虚弱，但一见面，他立刻精神起来，兴奋地喊道："小关，你可好啊？终于见到你们啦！"

关向应和贺龙更是喜出望外，不仅见到了兄弟部队，而且与党中央取得了联系。两军领导人相互介绍了各自部队的情况后，贺龙建议：木黄镇还是敌占区，不可久留，请红六军团转往红 3 军司令部所在地四川酉阳县南腰界驻扎。任弼时等人欣然同意。

当天下午，两支部队分头行动，开进黔东特区。10 月 26 日，两军团齐聚南腰界，在猫洞大田举行了隆重的会师联欢大会。会上，任弼时宣读了中共中央为庆贺两军胜利会师发来的贺电，宣布红 3 军恢复红二军团番号，贺龙任军团长，任弼时任政治委员，关向应任副政治委员；并以红二军团为总指挥部，由贺龙、任弼时、关向应、王震、萧克等人统一领导和指挥红二、红六两个军团的行动。

贺龙在会上讲话时风趣地说："我知道，到了根据地，红六军团的同志想休息，可没有想到吧，我们的根据地是在脚底板上，今天刚休息，明天就要出发了。”

两军团会师，全体指战员无不欢欣鼓舞。会师不仅为解决两军团在建设中各自存在的问题创造了良好的条件，而且使来自两个战略区的红军结成了一个团结的战斗整体，形成了一支强大的战略突击力量，为完成更大的政治、军事任务，开辟湘鄂川黔根据地奠定了坚实的基础。

10 月 27 日，贺龙、任弼时、关向应召集红二、红六军团负责人开会，严肃批评了夏曦所犯的错误，并以萧克、任弼时、王震的名义，致电中共中央书记处、中央革命军事委员会：鉴于夏曦在湘鄂西和黔东根据地所犯的严重错误，建议中央撤销夏曦的湘鄂西中央分局书记及中央革命军事委员会湘鄂川黔分会主席职务；并提议贺龙为中央革命军事委员会湘鄂川黔分会主席，任弼时、萧克为副主席。

贺龙、任弼时、关向应等人对红二、红六军团会师后的行动方向进行了研究。当时红二军团有 4400 多人，红六军团有 3300 多人，虽然总共不足8000人，但士气旺盛，武器齐全。黔东根据地地域较小、人口较少，对于红二、红六军团会师后做更大发展不够理想。他们综合研究四周的地形、民情、经济条件及敌情后，一致认为湘西澧水流域上游最适宜开辟新的革命根据地。

湘西虽然经济落后，但共产党和红军在此地的影响却很大。那里是贺龙的故乡，又是红二军团以前活动的地区，人熟地熟，有比较好的群众基础。而敌人在湘西的力量比较薄弱，只有陈渠珍3个旅和4个保安团，1万余人，加上被贵州军阀赶出来的杂牌军杨其昌等部4000多人，总兵力不大，战斗力也不强，有利于红军向这个地区开展战略攻势。只有向湘西进军，才能达到牵制、调动湘鄂两省之敌，策应红一方面军战略转移的目的；才能在游击战、运动战中建立根据地，不断发展壮大自己，锻炼出更坚强的红军。

红二、红六军团从南腰界出发，向湘西永顺、保靖、龙山、桑植地区开进，引起了陈渠珍的极度恐慌。他急忙派出龚仁杰、周燮卿、杨其昌3个旅，从永绥和保靖向北行动，进行堵截，企图阻止红军进入湘西。贺龙、任弼时、关向应等研究决定，率红二、红六军团先经鄂西南咸丰县的百户司，向招头寨和龙山方向前进，诱敌向北。敌人果然尾追而来。当敌军进至招头寨南面的贾家寨时，红军突然由招头寨转头东进，甩开敌人，乘虚攻占了湘西永顺县城。

陈渠珍命令其部紧跟追击。此时，两军相比，敌人虽然数量较多，但其内部矛盾重重，军纪败坏，战斗力不强。红二、红六军团领导人决心趁机消灭这股敌人，以便在湘西打开局面，于是又主动放弃永顺县城，诱敌跟进，在城北 90 余里的十万坪设伏。

11 月 16 日下午 4 时许，敌龚仁杰、周燮卿两个旅进入伏击圈，正准备在碑里坪宿营。得知这一情报，红二、红六军团领导人决定，趁敌立足未稳，立即发起攻击。经过两个多小时的战斗，歼灭敌两个旅大部，又击溃另一个旅的一个团，俘敌参谋长以下 2000 多人，缴获步枪 2200 多支、机枪 10 挺。这一仗的胜利，对进一步增加两军的团结、提高部队士气起到了重要作用，也震撼了整个湘西，极大地鼓舞了湘鄂军民，尤其是扭转了红二军团离开湘鄂西根据地、红六军团西征以来的困难局面，对于开辟新苏区，建立湘鄂黔根据地具有决定性意义。

关向应针对红二、红六军团会师后的发展变化情况，及时开展了思想教育工作。他对红二军团的指战员说："要虚心向红六军团的同志学习，取长补短，克己宽人，共同前进。"当军团之间发生矛盾和问题时，他总是先做自我批评，主动检查自己主观方面的原因。

关向应认为，部队内部的亲密团结，是加强党的领导和革命斗争发展的关键。在发展和巩固根据地的斗争中，关向应积极协助任弼时、贺龙开展工作。在他们的谆谆教导下，两个军团紧密团结，协同作战，在向湘西进军的斗争中接连取得胜利。关向应坚强的党性、平易近人的作风，不仅在红二军团中人人皆知，也给红六军团的同志留下了深刻印象，深受大家的尊重和爱戴。

艰难长征

转战湘鄂川黔边

第五次反“围剿”失败后，中央红军（也称红一方面军）为摆脱国民党军队的再次“围剿”，被迫撤出中央苏区，实行战略性转移，于 1934 年 10 月开始长征。中央红军连续突破敌人设下的 4 道封锁线后，于 12 月 11 日攻占了湖南省通道县。

此时，蒋介石非常担心中央红军北上与红二、红六军团会合，于是调集约 12 个师的兵力部署在湘黔边境，企图卡住中央红军继续北上。紧急关头，中革军委在湖南通道县城召开会议，讨论红军战略转移的前进方向问题。毛泽东极力说服博古等人，建议放弃原定同红二、红六军团会合的计划，向敌军力量比较薄弱的贵州方向前进，并电令红二、红六军团在常德地区积极活动，以便调动国民党湘军。贺龙等接到电令后立即移师西进，遂行新的钳制任务。

从 1934 年 11 月到 1935 年 1 月，红二、红六军团在贺龙、任弼时、关向应的指挥下，攻势凌厉，把大批国民党军队吸引到自己方面来，钳制住了敌军十几个师的兵力，出色地完成了策应中央红军突围远征的艰巨任务。

与此同时，红二、红六军团在已有的黔东根据地的基础上，又恢复和创建了湘鄂川黔根据地，成立了党政和军事领导机关。任弼时任中共湘鄂川黔省委书记兼军区政治委员，贺龙任中国革命军事委员会湘鄂川黔分会主席，关向应任中共湘鄂川黔省委及军委分会委员、湘鄂川黔军区副政委。

1935 年 1 月 15 日至 17 日，党中央在贵州遵义召开了政治局扩大会议，即历史上著名的遵义会议。会议结束了王明“左”倾教条主义路线在党中央的统治，确立了以毛泽东同志为代表的党中央的正确领导。随后，中共湘鄂川黔省委在大庸县丁家溶召开会议，传达遵义会议精神，同时系统揭发和批判夏曦在根据地建设、肃反、建军和建党方面的严重错误。关向应也作了深刻检讨和自我批评，对洪湖、湘西失败的责任既不回避，也不推卸。他沉痛地说道：“我是中央分局的成员，经中央分局作出的一系列错误决定，都有我的责任。”这次会议也让夏曦受到了一次身心的震撼。同年 5 月，根据中央的意见，夏曦被安排到红六军团任政治部主任。

这次会议之后，关向应同任弼时、贺龙一道，率领红二、红六军团干部战士，全身心地投入到繁忙的创建湘鄂川黔根据地的斗争中。他们先后在永顺、大府、桑植和龙山、保靖、桃源、常德、慈利等县的部分地区建立了根据地，游击区域达 10 余个县，势力所及方圆数百里，人口达 100 多万。红二、红六军团也由会师时的近 8000 人，发展到 1.17 万多人。同时，根据地相继建立了各级党的组织和工会、农会、妇女会、儿童团等群众组织，革命斗争开展得热火朝天。

红二、红六军团在湘鄂川黔根据地的蓬勃发

展，让蒋介石坐立不安。他一面在西康、四川、甘肃布重兵堵截红一方面军、红四方面军和刚在陕北组建的红十五军团，一面调集130多个团对湘鄂川黔苏区发动新的“围剿”。他把在江西参加过第五次“围剿”的有经验的樊嵩甫纵队和汤恩伯纵队，调到津市、澧县及其以北地区，从四面八方对湘鄂川黔苏区逐段筑碉推进，妄图将红二、红六军团压缩消灭在龙山、桑植、永顺狭小地区。

面对敌人的大肆“围剿”，贺龙、任弼时、关向应等领导人决定带领红二、红六军团向湘黔边境作战略转移，途中寻机歼敌，争取返回湘鄂川黔边革命根据地，或者到黔东石阡、镇远、黄平一带建立新的根据地。

9月29日，贺龙、任弼时、关向应正在石门县磨岗隘（今磨市）召开会议，忽然接到已中断联络达3个多月的中央来电。这是周恩来从甘南发来的明码电报，询问红二、红六军团情况，大家听到这个消息都非常振奋，随即以任弼时名义用密码回电：

恩：一、我们8月27日占领澧州、津市、石门、临澧，现已退出。二、我们将敌原“围剿”计划突破，准备粉碎敌对我新的大举“围剿”。三、你们现在何处，久失联络，请来电对此间省委委员姓名说明，以证明我们的关系。

9 月 29 日

当时远离中央的红二、红六军团还不知道红一方面军已到达甘南，以及张国焘仍拖住四方面军留在川康地区等情况。因电报密码本被张国焘占有，任弼时发出的密码电报被张国焘的电台截译，周恩来未能收到。

9 月 30 日，张国焘用红军总政治委员的名义和朱德总司令共同署名给任弼时复电，电报说红二、红六军团“在狭小地区内固守为失策，决战防御亦不可，轻于尝试。远征减员必大，可否在敌包围线外原有苏区附近，诱敌出堡垒，以进攻路线集中兵力各个击破之”。贺龙、任弼时、关向应根据电报和遵义会议精神，结合面临的实际情况，对行动方针进行了多次研究，决定向贵州石阡、镇远、黄平方向实行战略转移。出发前，红二、红六军团在桑植一带集中休整，抓紧进行思想动员和军事、物资准备。

11 月 19 日，红二、红六军团分别在桑植县刘家坪的干田坝和瑞塔铺的枫树塔举行誓师大会。贺龙、萧克分别向部队下达了突围命令。当天晚上，两军团主力开始突围，进行长征。

这一天，是桑植人民最难忘的一天。一大早，人民群众从四面八方成群结队地赶来，有的手里提着自家酿制的米酒，有的捧着糯米糍粑，妇女们怀里抱着军鞋，来到红二军团和红六军团的出发地，送别亲人子弟兵。

贺龙、任弼时、关向应率领红二、红六军团从桑植出发后，以出敌不意的神速行动，连续突破澧水、沅水封锁线。红二军团相继夺取辰溪、溆铺、浦市镇，红六军团先后占领新化、锡矿山、蓝田等地，从而控制了湘中最富裕、人口最多的广大地区。

红军每到一地，便广泛宣传抗日救国救民主张，反对蒋介石的独裁统治，发动群众没收地主、土豪劣绅的财物。人民群众拥护红军、参加红军的热情空前高涨，也极大地震动了国民党统治区。

红军在湘中的深远影响，搅得敌人异常惊恐，湖南报纸连呼“共匪”深入腹地，危及根本！蒋介石也急忙调整部署，由“围剿”改为“追剿”，拼凑 5 个纵队，采用正面追击、两翼迂回的战术，妄图将红二、红六军团限制和消灭在沅江、资水之间。贺龙、任弼时、关向应为调动和疲劳敌人，采取“声东击西”的策略，率领红军连续 10 天向南急进，几乎闯到邵阳的大门，把追击的敌人全部吸引到了湘南。然后，红军又突然挥师西进，到芷江、晃县之间的便水，与追敌李觉纵队进行了一场大战，歼敌近千名，阻止了敌人的追击，于 1936 年 1 月 12 日到石阡、江口地区，顺利实现了向石阡方向转移的战略目的。

巧渡金沙翻雪山

1936 年 1 月 20 日，红二、红六军团准备离开石阡，抢渡乌江。离开前，关向应主持召开军团政治干部会议，任弼时对出发一个多月以来部队的政治工作作了总结，对即将面临的新的战斗任务作了动员。经过政治动员和体力恢复，红军战士情绪十分高涨，他们提出了“不怕打，不怕走，不怕累，不怕饿”的战斗口号，一路士气高昂，斗志旺盛。

国民党大军穷追不舍，他们估计红二、红六军团会走中央红军的老路，北渡乌江。于是，急急忙忙赶到贵州，把大部兵力摆到乌江两岸，昼夜赶筑工事，企图将红军消灭在乌江南岸。

红二、红六军团为了迷惑敌人，偏不北渡。部队进入余庆县后，立即挥师向南，日夜兼程，夺取瓮安、下牛场，直捣龙里，威逼贵阳城。听说红军就要攻打贵阳了，城内守军一片惊慌和混乱。红军趁机虚晃一枪，迫使国民党军急向贵阳收缩，使贵阳以西的乌江防线兵力减弱。

1月底，红二、红六军团突然来个大转弯，从北面绕过贵阳，向西北急进，通过距贵阳60里的札佐封锁线，占领修文县城，造成红军经息烽北渡乌江的态势，使乌江北岸之敌不敢南渡。

正当国民党第9军军长郝梦龄带领他的纵队在乌江北岸加紧修筑工事之时，贺龙又突然命令："部队后卫变前卫，目标镇西卫（今卫城）。"为了部队顺利过江，关向应率红6师秘密向西南方向急进，直取贵阳以西的乌江上游鸭池河渡口。

2月2日，红6师占领鸭池河渡口后，红二、红六军团依次渡过乌江，把郝梦龄远远甩在北边，巧妙地从敌人浩浩大军的围追堵截中冲杀出来，从黔中进入黔西，连克黔西、大定、毕节等重要城市。

1936年3月下旬，当红二、红六军团到达贵州和云南边界，攻占了盘县和宣威时，又突然收到朱德、张国焘联名从甘孜发来的电报，要红二、红六军团"在渡河技术有把握条件下及旧历三月水涨前，设法渡过金沙江""经会理、盐源到雅江与我们会合，大举北进"。

当时，红二、红六军团转战在湘鄂川黔一带，领导同志一年多远离中央，对于张国焘分裂党和红军的情况并不了解，接到电令后，误认为这就是中共中央的指示。他们分析了国内外的局势，认为北上抗日是大势所趋，经过慎重研究，决定北渡金沙江。

4 月 25 日，红二、红六军团兵分两路，分别从丽江的石鼓至巨甸之间，顺利渡过天险金沙江，进入康藏草原，粉碎了国民党将红军消灭于金沙江南岸的企图。朱德和红四方面军得知这一消息后，当即发来贺电：“金沙既渡，会合有期，捷报传来，全军欢跃。谨向横扫湘滇黔，万里转战的红二、红六军团致以热烈的祝贺和革命的敬礼。”随后，部队开始了翻越茫茫雪山的艰难征程。

从金沙江畔到中甸有座必经的玉龙雪山，海拔 5000 多米，高耸入云，人迹罕至。红二、红六军团渡过金沙江后，就被玉龙雪山的支脉哈巴雪山挡住了去路。

部队出发前，关向应召开政治工作人员会议，要求大家深入各部队进行动员，告诉大家在翻越雪山前要做好充分的思想准备和物资准备，发扬吃苦耐劳的革命精神，齐心协力，千方百计做到不落下一个人、不丢掉一匹马。

部队开始翻越这座大雪山，贺龙亲率前卫红 4 师走在最前面，他手里拄着一根棍子，带领部队艰难向上攀登。刚走到半山腰，突然狂风大作，雪花漫天飞舞，哈巴雪山顷刻笼罩在昏暗之中。一会儿又下起了冷雨，积水很快结冰，严寒刺骨，山滑难行，一不小心，就会滚落山谷。越往上走，空气越稀薄，呼吸越困难。

贺龙高喊道："同志们，打开背包，用被子裹起来！"又鼓励道："同志们，加油啊，不要停下，停下有危险！"军团长的关切，给战士们极大的鼓舞，大家不顾疲劳，勇敢地向顶峰一步一步攀登。

关向应走在队伍的后边，不停地鼓励大家："坚持住，不能掉队。振奋精神，勇往向前。"

5 月初，红二、红六军团主力翻过雪山抵达中甸。原来寄予很大希望的中甸，只是一个几百户的藏民区，而且在海拔 4000 多米的荒僻山上，部队根本无法在此进行休整和补充，只能稍作停留继续前进。

为了顺利通过藏族聚居地区，部队召开会议，关向应和贺龙、任弼时对部队及时进行了民族政策

和宗教政策教育，要求指战员严格遵守三大纪律、八项注意，尊重少数民族的宗教信仰和风俗习惯。

当时关向应身体不好，但他依然闲不住，只要部队一宿营，他就下到各部队了解情况，帮忙解决问题，检查遵守纪律情况。他发现很多人吃不惯藏民吃的酥油糍粑，宁可挨饿也不吃。他就带头吃，并告诉大家："如果不学会吃酥油糍粑，雪山草地就走不出去，会要命的。"

部队在中甸地区停留了两天后继续前进。为减轻沿途供给负担，红二、红六军团分作两个纵队，贺龙和任弼时、关向应率红二军团为左路纵队，由得荣、巴理安、白玉方向向甘孜进发；红六军团为右路纵队，由定乡、稻城、瞻化方向向甘孜前行。关向应随左路纵队担任后卫的第5师行进。部队沿金沙江北上，经过连续几天的长途行军，在中甸筹到的一点粮食几乎都吃光了。这荒无人烟的山沟里无法找到粮食，于是，大家就把希望寄托到前面的得荣县城。

当关向应随第5师来到这座县城时，一看东面是索美河，西边是高耸入云的大山，中间一块小平地上，只有几间破旧的房子，根本见不到一个人影，也看不见一缕炊烟，到哪里去筹粮食呢？

黄昏，指战员们只喝了一碗清水一样的糊糊。还有很远的路要走，饿着肚子怎么行军啊！看到这种情况，关向应要求大家天亮后去喇嘛寺筹粮。

第二天一早，关向应就和第5师的领导带着总务处的同志前去找粮。他们找了好久也没有找到一座喇嘛寺，派出去的侦察员也不见回来，等了三四个小时，才见一名侦察员用马驮着一个喇嘛向他们走来。关向应急忙迎上前去，把喇嘛扶下马。只见那喇嘛一脸恐惧，吓得浑身发抖，闭着眼睛，头都不敢抬。

关向应坐在他跟前，用和蔼的口气通过翻译告诉他："我们是红军，是穷苦人的队伍，不是国民党。我们路过这里断了粮，听说这附近有喇嘛寺，想去借点粮，但是找不到路，请你给我们指点一下。"

足足解释了半个多钟头，那喇嘛才微微睁开双眼，抬起头来看看大家。大概是他也看出眼前的这些人不是那种杀人放火、欺侮藏民的土匪，就开口说道："你们走错路了，这大山是翻不过去的，必须返回去顺大路向西南走，绕过大山再往北就到得荣了。"

关向应谢过喇嘛，命令部队后卫变前卫迅速下山。下山前，关向应向大家交代了3件事：一是各单位要把现有的粮食集中起来，让部队战士们吃顿饱饭；二是行军中加强收容工作，保证全部人员到达目的地；三是有组织地筹粮，筹完粮一定要登记留借条。

说完后，他扫视了一下大家，亲切地说道："同志们，我知道大家这些天都很辛苦，有些'小鬼'快变成老头了。但是，同志们，在我们红军的队伍面前没有走不通的路。我们要继续往前走，一定要和中央红军会师。越往前困难会越多，干部们要带头多吃苦，才能让战士们少吃苦！多为战士们服务，这才是我们领导的光荣啊！"

有一天，关向应看到两个战士搀扶着一个病号，行动十分吃力，他跳下马，关切地询问战士的病情，扶起病号让他骑到自己的马上。那个战士坚决不肯上马，说道："首长，您身体也不好，把马让给我，您身体累坏了怎么办？”

关向应风趣地说：“要是部队战士都累垮了，我还给谁当首长啊？”战士们听后，欢心地笑了起来。关向应又问身边的另一个战士：“你是怎么参军的？”

战士回答：“我是红军到家乡扩红时主动要求参军的。”

关向应又问：“那你知道国民党的兵是怎么招的吗？”

“国民党的兵都是抓去的。”战士们说道。

关向应笑了笑，对大家说：“我们的军队是共产党领导的军队，和国民党的军队有本质的区别。官兵互相帮助，彼此团结，这是我军的性质所决定的。”最后，他语重心长地说：“你们以后当了干部，可千万要知道爱护战士呵！”

红军长征爬雪山，是对每个干部战士意志和信念的考验。经历过长征的红军老战士，曾这样描述当时异常艰险的经历：“进入雪山以来，部队没吃过一顿饱饭，没睡过一夜好觉，每夜都有同志因冻、饿、病或累而站不起来。每当晨曦初露，大家准备继续前行、去迎接新的考验的时候，第一件事便是向那些已长眠在征途中的同志挥泪告别。每当黄昏，部队宿营燃起一堆篝火的时候，我们就预感到，今夜可能又有亲爱的战友在此与大家永别了……”

可想红军当年的长征是何等的艰辛与悲壮。

与张国焘的斗争

1936 年 6 月 3 日，红六军团先头部队在甘孜理化（今四川理塘）以南的甲洼地区与前来迎接的红四方面军第 32 军一部会合。6 月 30 日，贺龙、任弼时、关向应率领的红二军团在甘孜以西的绒坝岔与红四方面军第 30 军一部会合。随后，红二、红六军团全部集结于甘孜地区与红四方面军会师。当日，中共中央发来贺电：

“我们以无限的热忱庆祝你们的胜利的会合，欢迎你们继续英勇进军，北出陕甘与红一方面军配合以至会合。在中国的西北建立中国革命的大本营。”“建立抗日救国的统一战线。”“向着日本帝国主义及其走狗卖国者，开展神圣的民族革命战争。”

红二军团到达甘孜时，红军总参谋长刘伯承站在一个大喇嘛寺的门前，迎接远道而来的贺龙、任弼时、关向应等领导人。战友相见，格外激动。他高兴地说：“你们终于来了，朱德总司令盼望你们，盼得觉也睡不好，饭也吃不下。”

7月2日，红二、红六军团齐聚甘孜喇嘛寺前的广场，与红四方面军一起举行了盛大的会师联欢会。会场气氛十分热烈，歌声、欢呼声、口号声此起彼伏，整个部队沉浸在一片欢乐的海洋中。

当朱德总司令来到主席台时，红二、红六军团的指战员情不自禁地发出雷鸣般的掌声。这是他们第一次看到久仰的敬爱的朱德总司令。

朱总司令身穿一件土制的褐色毛布上衣，脚上是一双草鞋，像一个普通的士兵一样。他激动地说道：“同志们，我祝贺你们战胜了雪山，也欢迎你们来与红四方面军会合。但是，这里不是目的地，我们要继续北上，要北上就必须团结一致，搞不好团结是不行的。在我们前进的道路上，还有人烟稀少的草地，我们要有充分的思想准备，只有团结起来，才能克服一切困难。”

原来，红军长征期间，党中央在毛儿盖召开过政治局会议，决定兵分两路北进。毛泽东、张闻天、周恩来等率中央机关和前敌指挥部随右路军行动，左路军由朱德、张国焘率领。当左路军进到阿坝后，张国焘坚持退却逃跑，不顾中央的一再电令，率领部队回师南下，再度翻过雪山，向川康边境退却。

朱德总司令虽处逆境中，但始终坚持自己的政治原则。在张国焘强令其发表宣言反对中央时，朱德不但严词拒绝，而且还耐心地向红四方面军的干部战士宣传中央的正确主张。由于受张国焘的挟持，朱德、刘伯承等同张国焘的斗争十分困难。

当任弼时、贺龙、关向应等率领红二、红六军团到来时，朱德总司令非常高兴，他激动地说：“你们来了，我们一起北上，党中央在毛主席那里。”

当天，红二、红六军团和红四方面军干部

举行了联席会议。由于朱德、任弼时、刘伯承、贺龙、关向应、王震、卢冬生等人都坚决拥护党中央北上路线，会议一致通过了两支部队立即共同北上的决议，有效地制止了张国焘借口要筹粮在西康继续逗留拖延北上的企图。红四方面军的干部也逐渐认识到，南下是错误的，一致要求同红二、红六军团一起北上。

为加强对部队的统一指挥，中革军委于7月5日发布命令：红二、红六军团和第32军组成中国工农红军第二方面军，贺龙任总指挥，任弼时为政治委员，萧克为副总指挥，关向应为副政治委员。红二方面军的组成，对于反对张国焘的分裂主义错误，维护全党全军的团结，促进三大主力红军会师，开创中国革命的新局面起到了重要的作用。

还在会师之前，关向应就从红四方面军向红二、红六军团传发的《西北讲座》《干部必读》的小册子中，察觉到了张国焘的反党意图。他十分严肃地指示先遣部队，见到这类东西一律收回，不得散发。

会师之后，张国焘为了达到把红二方面军置

于他控制之下的目的，采取了软硬兼施的手段。他一边继续派人到处散发《西北讲座》和《干部必读》，一边以向兄弟部队介绍经验为名，派出他的工作团四处游说。关向应对此也十分不客气，征得贺龙和任弼时的同意后，下令收回小册子，当即烧毁。并对前来游说的人，他亲自出面做工作，跟他们约法三章，只准介绍当地情况，不准进行分裂党、分裂红军的演说，不许讲党中央的一句坏话。

关向应得知张国焘分裂党和红军的阴谋后，态度鲜明地说："朱毛不能分，党中央在毛主席那里。"由于历史原因，张国焘对关向应又恨又怕，不久便以红军总政委的名义，要把关向应调出红二方面军。关向应说："我的工作是党中央任命的，要调动我的工作，也必须有党中央的命令，你无权调动我的工作。"红二方面军指战员坚决拥护关向应，一致反对调走关向应的决定。在广大指战员的支持下，关向应最终顶住了张国焘的调令。

在这场斗争中，关向应始终坚定地和朱德、任弼时、贺龙、刘伯承、徐向前等站在一起，旗帜鲜明地同张国焘进行斗争。张国焘的一切阴谋活动都遭到了红二、红四方面军的领导和广大指战员的抵制。经过几天的说服和斗争，7 月 11 日，张国焘终于同意红四方面军与红二方面军共同北上，去和红一方面军会合。

随后，红四方面军分 3 路从甘孜等地向甘南进发，红二方面军分两路从甘孜北上。在红二、红四方面军北上途中，中共中央于 7 月 27 日决定成立中共西北局，以张国焘为书记，任弼时为副书记，朱德、贺龙、关向应、徐向前、陈昌浩等为委员，统一领导红二、红四方面军及西北地区党的工作。

草地温情

1936 年 7 月中旬，红二方面军在任弼时、贺龙、萧克、关向应的率领下，从甘孜出发继续北上，途经西倾寺、阿坝、葛曲河、上下包座、救济寺、巴西等地，来到人迹罕至的大草地。

所谓草地，其实是一望无际的沼泽地，茫茫数百里，四方难辨。草地的天气，就像是小孩子的脸，一天三变。白天烈日耀眼，酷热难忍，战士们的脸都晒爆了皮，浑身上下被汗水浸透。不一会儿，一团黑云飘过，接着便是像碎石一样坚硬的冰雹夹杂着雨点，劈头盖脸地打下来，不少战士被砸得鼻青脸肿。到了夜里，气温骤降到零摄氏度以下，战士们穿着还未烤干的衣服，冻得浑身发抖。

然而最让红军指战员提心吊胆的是行走的脚下，那些随时都能置人于死地的“陷阱”，让人防不胜防。因为先头部队通过后，草地上形成了一条很宽的泥道。泥道上的杂草盘根错节，人刚开始从上面走过时还挺牢固，但经过不断踩踏，草根被踩断，盘根错节的草团子底下就是深不可测的泥潭。有的战士不小心掉进泥潭里后，越挣扎陷得越深，硬是活生生地被淹没在泥潭里，再也没有爬上来。

红二方面军的指战员们是继红四方面军后，分成两个梯队从甘孜向这块“荒原”进军的。进入草地前，关向应反复向干部战士们讲明将要面临的困难，要求大家做好充分的思想准备，树立信心，克服困难，以最小的代价和牺牲走出草地。

关向应跟随后卫部队前进。由于连续长途行军的艰苦生活，他原本就瘦弱的身子更加消瘦了，面色蜡黄、颧骨凸起，好像一阵风就能刮倒似的。但他却精神矍铄，意气风发，无论是在寒风彻骨的宿营地，还是在泥泞的行军路上，始终都在操心着部队、关心着他人。

一次，前面一个红军战士脚下踩空了，身子一歪掉进了泥潭里，后面的一个红军连忙上前拽住他的手，想救他出来。可眨眼的工夫，救援的也一起陷进了泥潭中，很快被泥水吞没，草地上只剩下两顶灰色的红军帽。其他小红军战士被眼前的一幕吓得哭了起来，不敢再往前走。哭声惊动了关向应，他匆匆地从后面赶了上来，看到这一切后，向战士们说道："刚才这两位红军战友，为革命献出了自己的生命。他们勇敢的人生路走完了，可革命的路还需要我们接着走下去！前面的路肯定还会有很多危险，怎么办？我想你们是不会被眼前的困难所吓倒的，一定要走出草地，走到革命胜利的那一天。同志们，能做到吗？”

战士们被关政委的话所鼓舞，齐声回答：“我们能做到，一定走出草地！”

进入草地后，还有一大威胁就是饥饿。红二方面军原计划 10 天走出草地到达阿坝，但由于草地环境恶劣，战士体力消耗很大，行军异常艰难。走了十几天，仍然没有走出草地。严重缺粮，使红二方面军陷入险境。携带的干粮吃完了，就连能吃的野菜、草根也被前面走过的红四方面军采光了。许多战士由于饥饿，实在没有力气行走，有的一坐下去便再也没能站起来。

关向应和战士们一样，常常是饿着肚子行军。一次，总指挥部分给他一袋挂面，他自己舍不得吃，把挂面全部分给了大家，自己一口也没吃。还有一天，派出寻找粮食的队伍找回来一批羊，关向应派人给红军剧团训练班的小战士们送去 8 只，让小战士们感动不已。他像慈父一样，始终把关怀带给每一个战士。

草地行军，经常是在狂风暴雨中露宿。战士

们既没有铺的，又没有盖的，大家只好背靠着背，挤在一堆抱团抵御寒冷。关向应原来也没有帐篷，从湘鄂西起，他就只有一条旧军毯。到甘孜后，红四方面军的同志送给他一顶帐篷，这顶帐篷他从没有一人住过。每到宿营地，他总是把警卫员、炊事员、饲养员和一些生病的战士叫进去，小小的帐篷挤得满满的，有时挤得连腿也伸不开。

他不停地鼓励大家说："同志们，我们共产党领导的军队是无坚不摧的，是没有战胜不了的困难的。蒋介石反动派的围追堵截被我们一次又一次地粉碎了，眼前的这点困难我们一定能够战胜。现在中央红军已经胜利到达陕北，我们也一定能够到达陕北，到毛主席身边去！"

经过 40 多天的艰苦跋涉，红二方面军广大指战员克服重重困难，终于走出了茫茫草地，于 1936 年 8 月上旬到达班佑、包座地区，取得了北上的重大胜利。

9 月初，关向应和贺龙、任弼时率领红二方面军穿过天险腊子口，到达岷山脚下哈达铺、礼县地区。这时，西进的红一方面军也占领了定边、盐池等10多个城镇。三支主力红军日渐接近。

为推动红军三大主力胜利会师，实现全党、全军大团结，在路线上、战略上、组织上统一起来，以推动全国抗日局面的大发展，红二方面军领导人任弼时、贺龙和关向应致电党中央："为了不放松全国极有利的局面，使我党能够担负起当前的艰巨任务，我们深切感觉到党内的团结一致与建立绝对统一集中最高领导力量是万分迫切需要的……在蒋敌进攻严重关头，我红一、红二、红四方面军只有积极密切关系，在一致战略方针下坚决对敌，才能形成西北抗战新局面，而不致被敌各个击破。"

1936年10月22日，红二方面军到达甘肃会宁县东北部的将台堡、兴隆镇与红一方面军部队胜利会师，结束了长达11个月的长征。

会师后，关向应格外激动，他对贺龙说："过去咱们好像是在黑暗中摸索，往往碰了壁、吃了亏才退回来，另找一个方向再摸，我们是多么盼望中央的正确领导啊！"贺龙也兴奋地说道："这下就好了，从此以后我们就在党中央、毛主席直接领导下工作了。"

1936年12月初，关向应任中央革命军事委员会委员、红二方面军政治委员、中国共产主义青年团中央局委员。

12月12日，震惊中外的“西安事变”爆发后，红二方面军奉党中央命令来到西安以北，准备迎击亲日派的反击。

在中共中央和周恩来等人的努力下，25日，蒋介石接受“停止内战、联共抗日”等六项主张，使“西安事变”得到和平解决。红二方面军随后移驻陕西富平地区开展整训，为即将到来的全国抗日战争做组织上、思想上和军事上的准备。

抗战烽火

雁门关点兵

1937 年 7 月 7 日，日本侵略军悍然发动卢沟桥事变，中国守军奋起抵抗，全民族抗日战争由此爆发。7 月 8 日，中共中央发布《中国共产党为日军进攻卢沟桥通电》，号召全中国同胞和军队团结起来，筑成民族统一战线的坚固长城。在中国共产党的推动和号召下，全国掀起了抗日救亡的浪潮。

8 月 22 日，红二方面军政委关向应和总指挥贺龙来到洛川县冯家村，出席在这里举行的中共中央政治局扩大会议。这次会议是中共中央在全民族抗日战争爆发之初召开的一次重要会议。会议明确指出，中国的政治形势已经开始进入全国全民抗战的新阶段，当前的中心任务是动员一切力量，争取抗战的胜利，同时完成争取民主的任务。

8 月 25 日，毛泽东、朱德、周恩来代表中共中央军委，发布了中国工农红军改编为国民革命军第八路军的命令。朱德为总指挥，彭德怀为副总指挥，叶剑英为参谋长，任弼时为政治部主任。下辖第 115 师、第 120 师和第 129 师。第 115 师以原红一方面军和第 15 军团为主编成，第 129 师以原红四方面军为主编成。

第 120 师以原红二方面军为主编成，贺龙为师长，萧克为副师长，周士第为参谋长。由于国民党的干预，红军改编时取消了政治委员，将政治部改成政训处，关向应被任命为政训处主任，甘泗淇为副主任。中央书记处还决定，由贺龙、关向应、萧克、甘泗淇、王震组成第 120 师军政委员会，贺龙为书记。不久，八路军还是坚持恢复政治委员和政治机关，关向应任第 120 师政治委员，甘泗淇任政治部主任。

洛川会议刚一结束，关向应和贺龙就马不停

蹄地赶回驻地，向部队宣布中共中央军委的改编命令。而此时，日军已侵占北平、天津，正沿平绥线向西进犯，驻守在南口和张家口的国民党军队已退到永定河、洋河南岸一线。据此，中央军委决定，首先以第115师、第129师开赴晋东北，在恒山山脉地区待机行动；第120师以一部分部队留守陕北，师主力由贺龙、关向应率领，立即从陕西富平庄里镇地区出发，乘车北上，开赴晋西北管涔山脉，展开于大同、太原的侧翼，向绥远、大同发展。

晋西北是包括同蒲路以西、平绥路以南、汾阳、离石公路以北，黄河以东10余个县的广大地区，管涔山脉迂回其间，使之成为多山的高原地带。

第120师来到这里时，大部分县已相继失守，日军在这一带进行过疯狂的烧杀奸淫，沿途村镇大多被烧成了瓦砾灰烬，一派凄惨景象。关向应和贺龙骑在马上，并辔而行，边走边谈着对时局的看法。

贺龙说："日本鬼子想在3个月内亡我中国，

太猖狂了，也不怕撑坏胃口！”

关向应气愤地说道：“这也难怪鬼子猖狂，蒋介石就是要引狼入室嘛！他左一个‘不准抵抗’，右一个‘政治解决’，不到3个月，日寇的铁蹄就践踏了我长城内外。如再不抵抗，将大好河山拱手相让，小鬼子3个月亡我，也不是不可能的。”

面对被日军侵占的大片国土，贺龙忧心地说：“目前，国民党军中存在一种‘恐日病’，我们这次就得好好地教训教训日本鬼子，打破日军不可战胜的神话。”

“对！我们就要给这些得‘恐日病’的人当一次郎中！”关向应说道。

第120师进入晋西北后，先是在雁门关以北地区与日军开展游击战争。打击日本侵略者，消灭侵略军，这是关向应多年的愿望。现在他已来到了抗日的最前线，心中充满着无限的激情和力量。

日军逼近忻口时，关向应和贺龙亲率第358旅和第359旅（欠第718团）配合忻口友军作战，不断袭击敌人，还派出一个支队去晋北开展游击战争。同时，又率军进至雁门关、忻县地区，截断敌军交通线，阻击敌人的后续部队。这些战斗，虽也取得了胜利，可关向应觉得不满足，打得还不过瘾，他一心想狠狠地打击一下日军。

10月中旬，第120师挺进到同蒲铁路北段的宁武、神池、朔县一带。这时，山西忻口国民党军正在和日军交战，战斗进行得非常激烈。

一天，关向应同贺龙率领师部驻在神池西部一个小村子里，他们躺在炕上，怎么也睡不着。到半夜了，贺龙心里有话实在是憋不住，就捅捅关向应说："小关，你睡了吗？"

"没有睡。胡子，你有话要说？"

"是的。"

于是，两人在黑暗里披上衣裳，坐了起来。

贺龙说："政委，我想打一场大仗，在雁门关设伏，狠狠地敲一下日本鬼子。这几天我一直在谋划着这件事，你说说看，这仗打得不？"

"好极了。"关向应兴奋地说，"这几天，我也在作雁门关的文章，但我还没想好如何个打法。"

"咋个打法，小关，我已想好了！"贺龙噌

地跳下炕，点燃了灯，指着墙上的地图说，“目前，忻口战役正在进行，日寇每天从大同经雁门关不断地输送兵员弹药，雁门关是敌人的一条重要运输线。如果我们采用长途奔袭的战术，一刀直插敌后，选择有利地形打击敌人，保险万无一失。”

“这是一着好棋。”关向应高兴地叫了起来，“日寇自从占据雁门关后，自以为这一带已是他们的后方了，警戒一定疏忽，我们此时利用敌人的麻痹心理，出其不意地敲它一下，胡子，这棋我们是稳操胜券了！”

关向应和贺龙快乐的笑声把参谋长周士第、政治部主任甘泗淇都惊醒了，他们也都披上衣裳进来了。当贺龙把刚才的想法讲给他们听后，他们也都连连叫好。贺龙兴奋地连忙让通讯员去通知炊事员做早饭，他要亲自去雁门关一带侦察。

贺龙对大家说：“上个月，第 115 师在平型关打了一个漂亮的大仗，为我们树起了一面旗帜，我们也不能落后嘛，要紧紧跟上！”

天还没亮，他们就准备出发了。临走时贺龙

关切地说:“政委，你不要去了吧，这些时日你身体不好，天又这么冷!”

关向应笑着说:“这天再冷，也比爬雪山、过草地强吧?天冷点算个啥?咱们走!”

雁门关，又名西陉关，它前有大同，后有太原，为历代戍守重地。雁门关位于代县以北40里的雁门山上，东西山岩峭拔，壁立相对，中间只有一条崎岖险峻的路。雁门关设在绝顶之上，极为雄险，与偏关、宁武关合称三关重镇。自古就有“一夫当关，万夫莫开”的说法，是很难攻陷的，可是国民党的驻军，却轻而易举地将这个重镇让入日军之手，使之成为日军由大同长驱南下的交通枢纽。

关向应望着雁门关上飘着的太阳旗，想到了家乡“关东州”的日本旗。太阳本来是火热的、光明的、伟大的，但在那白色上，却给人以血的感觉。自从九一八事变以来，中国人流的血太多了，实在不能再让这面太阳旗在中国的上空飘扬了。他激动地对贺龙说:“打吧，是时候了!”

于是，他们回到师部立即开会进行研究，决

定将这次伏击战的任务交给第358旅716团。团长贺炳炎和政委廖汉生一听说有任务，连忙赶到师部。贺龙向他们说明了这次攻打雁门关伏击战的安排，两位虎将听了兴奋地说：“早就盼着这一天了，保证完成任务！”说罢转身就要走。

贺龙捏着大烟斗的手一伸，拦住他俩说：“不忙走呵！都当团长、政委喽，还是这么虎里虎气的。仗有你们打的，急什么呀？”

关向应也笑着说：“说一说，你们到达这一带后，部队的情绪怎么样？”

廖汉生说：“同志们看到日本鬼子所犯下的罪行，都很气愤。又听说兄弟部队在平型关打了大胜仗，心里都痒痒的，盼着要到前线去杀鬼子呢！”

“这就好！”关向应望着这两位从湘鄂西一起过来的战友，信心满满地说，“有了这股子劲头，就一定能打胜仗。这次你们一刀插到敌人后方去，既无友军的配合，又没有根据地的依托，一定要密切联系群众，把仗打好。这样不仅可以削弱鬼子的锐气，助长我们的威风，而且可以稳定华北战局，对国民党顽固派的‘亡国论’也是当头一棒。重任在肩，艰巨而且光荣啊！”

“是啊！”贺龙接上话说，“你们要注意，现在打的是小日本，不是国民党。要记住，这是我们渡河以来较大的一次游击战，一定要遵循毛主席的‘独立自主的山地游击战的作战原则’，机动、灵活地打击敌人，打出我军敌后游击战的威力来！”

廖汉生、贺炳炎听完师首长的指示后，立即回到团部进行动员，火速将队伍开进到离雁门关西南10多里的黑老窝村布阵。这个村四面环山，十分隐蔽，指战员们进入各自的位置设好埋伏，等待着战斗的命令。

10月18日上午10时许，敌人的50余辆运输汽车进入了伏击圈。可是，从阳明堡方向也开来200多辆日军的汽车。情况突然发生了变化，日军的兵力骤然增加了很多，是打还是不打？两位团首长用目光交流了一下，果断地作出了决定：“打！既然都送来了，就一齐吃掉！”

当南北两路汽车愈靠愈近，交错着全部进入黑石头沟时，雁门关战斗打响了。第716团的轻重机枪一起狂叫起来，手榴弹雨点般落到了日军车上。日军被这突如其来的打击，一下子搞蒙了，两路汽车争着夺路而逃，你碰我撞，相互倾轧，车上的弹药箱也接连爆炸，炸得日军鬼哭狼嚎……黑石沟成了日军的鬼门关。

缓过神来的幸存日军开始还击。这时，冲锋号响起，战士们迅猛冲上公路，与日军展开白刃战。八路军战士们用刺刀挑、枪托砸、大刀砍，有的干脆用手榴弹猛砸日本兵的头。战士们的喊杀声和日军的惨叫声响彻了雁门关的上空。

当雁门关大捷的喜讯传到师部时，贺龙正在和关向应下棋。他的棋势正危，就趁机将棋子一抹，连连说："政委，我们要好好庆贺一番哪！"一向做事一丝不苟的关向应，这次用微微一笑谅解了师长。他们多年来定下的下棋规矩，谁输了谁得把自己的胡子刮掉。关向应可不愿意贺龙在雁门关大捷的庆祝大会上没有了那撮很是威风的胡子。贺龙也意会了这一点，两人互相看着，差点儿笑出声来。

驰骋晋西北

雁门关战斗结束后，关向应和贺龙又派出一些支队和工作团，分别到岢岚、五寨、岚县等地，协同地方党组织发动群众，开展游击战争，建立民主政权和人民武装。正当第 120 师主力在前方节节胜利之时，驻雁北的日军集中第 26 师团、黑田旅团和伪军 1 万余人，于 1938 年 2 月下旬疯狂进犯晋西北。

日军刚一出动，国民党的晋绥军就弃城而逃，阎锡山也逃到陕西宜川秋林。国民党军兵败晋南重镇，临汾沦陷！接着，日军直逼风陵渡，同浦路全线陷入敌手。宁武、神池、五寨、岢岚、偏关、河曲、保德 7 城相继失守。26 日，日军又进至黄河东岸的军渡、碛口，炮击黄河西岸八路军河防阵地，大有渡河进犯陕甘宁边区之势。敌人的真实意图是要占领晋西北各县，逼迫中国军队退出山西。

面对国民党军的节节败退和日军的长驱直入，贺龙气得大骂：“这些龟孙儿哟，只会吹牛皮，这样下去，岂不是严重威胁到我晋西北根据地和陕甘宁边区的安全，形势相当不妙啊！”

“是啊，形势很严重，不可忽视。我看立即召开紧急军事会议，部署反击。”关向应说。

“好！”贺龙赞同道。

会上，关向应看了一遍到会的同志，提高嗓门说道：“自太原、临汾失守以来，山西坚持抗日的重担已经落在了我们八路军肩上。贺师长讲了，晋西北地区是陕甘宁边区的屏障，也是我沟通华北各敌后抗日根据地的唯一战略要地。所以，必须认真对待。我们要回师晋西北，保卫根据地，尽快收复被沦陷的7城，用这个辉煌战绩，鼓舞全国人民的抗日信心，打击日寇不可一世的狂妄气焰。”

3月6日，毛泽东致电第120师：应集中兵力，打击日军一路，以歼灭敌人的有生力量，巩固晋西北根据地。

中央的指示，和他们的战略部署完全一致。

贺龙、关向应接到命令，即率第 120 师主力日夜兼程，翻越冰冻的山岩，两个昼夜强行军 300 余里，迎击进犯的日军。

贺龙、关向应以一部兵力围攻敌占县城，以主力和游击队在敌人后方广泛开展游击战争，袭击敌人的据点，破坏交通线，伏击运动之敌。经过 20 多天的血战，连克岢岚、五寨、神池、宁武 4 城，还袭击了日军的太原机场，迫使保德、河曲、偏关的敌人不得不全线撤退，取得了歼敌 1500 余人的胜绩，彻底粉碎了日军围攻晋西北的战役计划。

1938 年 4 月 9 日，贺龙、关向应致电中共中央军委，报告收复 7 城的战况和战果，毛泽东随即回电贺龙、关向应等表示祝贺："9 日电悉。努力奋战击破敌人整个进攻，取得伟大胜利，中央诸同志闻之极为兴奋。伤亡颇大，补充整训极为必要。当巩固内部团结，加紧整理训练，争取新的胜利，配合友军，建立巩固的根据地，坚持华北抗战，在全国抗日战争中完成自己的任务。"

这次战斗的胜利，稳定了晋西北的局势，保

障了陕甘宁边区的安全，扩大了中国共产党和八路军的影响，为创建晋西北抗日根据地打开了新局面。

晋西北根据地大部分地区处于崇山起伏的高原地带，群峦绵亘，地势雄险，地瘠民贫，文化落后，人民群众长期处在阎锡山封建暴政统治下，毫无政治自由，生活异常困苦。

贺龙和关向应带领全师广大官兵，发扬红军时期的革命传统，既是战斗队、工作队，又是宣传队。部队在执行战斗任务的同时，深入开展群众工作。关向应组织了多个工作团分别派往各县，宣传中国共产党的《抗日救国十大纲领》和抗日民族统一战线政策，表明共产党、八路军与晋西北人民同生死共患难、坚持抗战到底的决心，向群众宣传八路军第 120 师作战胜利的消息，动员人民群众参加抗日。通过大力宣传和当地“战地动员委员会”和“牺牲救国同盟会”的协助，肃清了散兵游勇，安定了社会秩序，稳定了群众情绪，广大人民看到了希望，从而增强了抗战必胜的信念。

当地人民群众有钱的出钱，有粮的出粮，一些地主、富农、商户都主动承担摊派任务，基本解决了抗日军队所需要的粮款被服及一切作战物资。

在中共晋西北临时省委领导下，工作团还在各县、区成立党委会，发动群众和组织农民开展减租减息。关向应对他们说："晋西北的上层政权仍在阎锡山手里，但他十分害怕我们发动农民减租减息运动。如果农民发动不起来，抗战就得不到胜利，我们必须利用合法的地位和权利，去团结最大多数的人来参加抗战。"

当时的扩军工作十分紧迫，由于关向应领导的群众工作深入细致，共产党和八路军深得当地人民的信赖，扩军工作开展得十分顺利。原计划扩兵1.38万名，在不到1个月时间里，就动员了2万多人报名参军，分别补充到八路军和由国民党爱国将领、第二战区民族革命战争战地动员委员会主任续范亭与共产党合作创建的新军中。

贺龙和关向应坚持独立自主的原则，冲破蒋介石要求八路军各师只设2个旅、旅编2个团的限制，将 120 师的第 358 旅和 359 旅都发展成 3 个团的建制，还成立了 1 个独立支队、5 个直属团和 2 个直属营、3 个直属连。到 1938 年 10 月，全师主力由挺进抗日前线时的 8200 多人，发展到 2.9 万多人，扩大了 3 倍多，极大地壮大了抗日根据地的武装力量。

挺进冀中

1938 年 10 月，日本侵略者占领武汉、广州后，主力回师华北，对冀中抗日根据地进行连续的“围攻”和“扫荡”。

12 月 22 日，根据中共中央的命令和八路军总部的指示，八路军第 120 师主力在师长贺龙、政委关向应的率领下，从晋西北岚县出发，向冀中地区挺进，执行协同八路军第 3 纵队兼冀中军区巩固抗日根据地和壮大自己的任务。

关向应和贺龙冒着刺骨的寒风走在行军的队

伍中，在敌人密集的据点之间机智地穿插前进。身边的同志看到关向应因日夜操劳疲惫的样子，关切地劝他注意身体，他总是淡淡一笑说："十年征战生活，习惯了，现在也不觉得怎样。只是骑了一天的马，髀肉作痛。从前刘备说髀肉复生，我连髀肉也生不起来呀！"

由于连续行军，关向应消瘦了许多，但仍不停地工作。早起行军，他总要先牵着马坚持步行三五里路。他对骑兵营长说："要教育战士们爱护马匹，不要一出门就骑，上山下山时人要下来，让马休息一下。"

经过 1 个多月的艰难行军，部队越过了日军控制的同蒲、平汉铁路两道封锁线，于 1939 年 1 月 25 日到达冀中河间县西部的惠伯口村，与八路军第 3 纵队和冀中军区会合。27 日晚，两支部队领导召开会议。不一会儿，侦察员前来报告：河间的鬼子出动了，已到达三十里铺，敌人除了步兵，还有骑兵和坦克。

"三十里铺离这儿只有 20 多里地。"坐在贺龙身边的第 3 纵队司令员兼冀中军区司令员吕正操有些不安地说，“贺师长、关政委，你们一来就碰上了鬼子，这是小鬼子对冀中根据地的第3次围攻了。”

贺龙却兴奋地说：“我们来就是为了打鬼子，大家不用慌，我们继续开会。”

关向应一边开着会，一边想：毛主席、朱总司令交给的任务，是既要打鬼子，巩固冀中根据地，还要推动和影响当地部队的正规化建设，壮大第120师的力量。他感到自己肩上的担子比以往重多了。

村子里黑得不见一丝灯火，人们仿佛已进入梦乡。寂静中从远处传来的枪炮声显得格外清晰，连雪花敲打窗棂的沙沙声也清清楚楚。可是师首长还在开会，同志们很着急，离敌人这么近，师首长和第3纵队的首长们为什么还不转移？

贺龙嘴里滋滋地吸着那支楠木烟斗，听了第3纵队的汇报后，请政委先发表意见。关向应说：“根据聂荣臻、彭真等同志的介绍和我对第3纵队同志的了解，我想，要落实中央的指示，目前主要的作战任务应该由咱们来担当，让冀中部队多利用战斗间隙进行整训。因为，他们的党员少，大部分连队还没有建立党的组织，政治工作比较薄弱……”

关向应停了停，接着又说：“为了帮助第 3 纵队完成整编，我想从我们这里抽调一批党员干部到冀中部队去。这样，我们打鬼子，就要减少一部分力量，而我们又是初到敌占区的根据地，必须打出八路军的威风来，困难可不算小啊！这是我个人的看法，贺师长，你看怎么样？”

“关政委，你说的全是我的心里话呀！”贺龙高兴地推了推头上的帽子，“这些天我也在想，毛主席交给我们的任务好重啊！我们既然在毛主席面前打了包票，就得完成。我想这次的任务，你的担子比哪一次都重要，打仗离不开政治鼓动，巩固根据地也离不开政治宣传，帮助第 3 纵队整训更是离不开政治教育。这打仗，我没说的。这政治工作，只要你舍得放走一些干部，我就更是没说的。你放心，这账怎么算，都是自己家的事，都是打鬼子的事，我尊重你的意见！”

警卫员们在外边急得来回走动，但他们不敢

再进去了。他们知道，这两位首长在商讨大事时，是最不高兴被人打扰的。特别是关向应那一双眼睛，不用批评，只看你一眼就受不了。可是，战斗的气氛越来越浓了。

师部直属队的同志也不断地来打探消息，但一看到警卫员们的面孔，也不好多问了。直到凌晨1点，转移的命令才下达。

为了暂时避开敌人的锋芒，察明他们的动向，会议决定让第120师和冀中分区各领导机关主动从惠伯口地区转移，到肃宁东北一带集结，寻机打击敌人。

关向应和后卫连队走在一起，边走边谈论着到冀中战斗的一些想法。

雪停了，落在地上薄薄的一层雪花，早已被风刮得干干净净。天上一轮残月，照在地上，更显冷清。干部战士们心里有些着急。一位干部忍不住向关政委说出了自己的心里话："政委，我们一直打的是山地战，现在到这平坝上来，心里没底了。"

"我们已经和第3纵队的同志们接触了，他

们在平原作战有经验，有没有听到他们的经验是什么？”

“听到一些，好像主要是依靠村沿、村庄和坚固的房屋什么的。”

“你说得不错。”关向应称赞说，“第3纵队的同志在这方面很有经验，我们要好好学习。不过，平原作战的最大的依托，我看还是毛主席说的只有依靠群众才能进行战争的道理。只要我们爱护人民，得到人民群众的拥护，这仗就不怕打不好。何况，我们还有贺师长，他可是个常胜将军。再说，我们这个部队是经过风风雨雨考验的，任何困难都难不倒我们。”

一个经过长征的战士说：“政委，我明白了，只要是得到人民支持，我们就一定能打胜仗。”

战士们边行军边议论，一个个精神振奋起来。那一双善于走山路的脚，走在平原上，显得更加轻快了。

关向应策马轻轻地从战士们身边走过，走到战斗剧社的行列时，找到了文工队员、后来成为剧作家的刘伍。他最近创作了一个剧本——《农村曲》交给关向应审阅，关向应反复看了几遍，觉得很好，就想找机会和作者谈谈自己的看法。

刘伍没有想到关政委这么快就看完了他的剧本，而且亲自找他谈。尤其是在挺进冀中后，政委那么忙，还关心他的剧本，刘伍心里很是感动，由衷地说道："关政委，真感谢您对剧本的关心。"

"不，应该感谢的是你。"关政委牵着马，温和地用手拍着刘伍的肩头，"我们来到冀中，首要的任务就是要向群众进行宣传和鼓动。你在这个时候写出了这么贴近生活的作品，我想，演出来一定会起到很大的鼓舞作用。所以，我应该感谢你。"

关向应肯定了剧本的主题和结构，但也提出了一些个人的看法，然后对剧社主任说："我看这个戏，可以排练了，希望能很快演出。"

关向应交代之后，就和警卫员小张朝后面走去。小张不高兴地说："政委，人家都往前走，就是您一会儿朝前，一会儿又朝后走。"

关向应没有看他，用手抹了一下上唇胡髭上的霜，说："养成了这个习惯，改也难，怎么办？

随我多走点路吧，鞋子磨破了我给你补一双，行不行？”

警卫员难为情地笑了，然后说：“我可不是怕磨破鞋，我是怕您往后走不安全。您听，这枪炮声越来越近了。”

“这怕啥？你晓不晓得，这是敌人在鸣炮欢送我们呢。”一句话把行军的战士们都逗笑了。

关向应看到战士们情绪很好，这才骑上马，向传来枪炮声的方向看了一眼，然后回马一抖缰绳，向远去的队伍追去。他一时有了诗兴，就轻轻地吟了起来：

月光在征程中暗淡
马蹄下迸着火星儿
越过溪水
被踏碎的月影闪着银光
电火送着马蹄
消失在微弱的月光中
……

齐会大战

冀中地区位于平汉、津浦、北宁铁路及沧（县）石（家庄）公路之间，东西宽约400公里，南北长约300公里，包括42个县，人口700余万。七七事变后，日本侵略者大举进犯华北，一路烧杀抢掠，人民群众屡遭其祸。当地一些爱国志士不甘心当亡国奴，纷纷组织地方武装抗日自卫。在中共河北省委各级地方组织的领导下，冀中人民抗日力量逐渐壮大起来。八路军派出曾任红军团长的孟庆山到河北组织抗日武装，他在高阳、安新、蠡县、河间一带领导组建游击队，开办训练班，讲解游击战术，培养了大批富有战斗经验的骨干力量，壮大了许多像马本斋回民支队这样的抗日武装团体，给予日本侵略者以沉重打击。

中共河北省委改称中共冀中区党委，成立冀中军区后，将该地区的抗日武装7万余人统一编为八路军第3纵队，同时成立了冀中抗日根据地。

第120师奉命来到冀中地区后，为便于统一指挥，成立了冀中作战总指挥部，贺龙任总指挥，吕正操任副总指挥，关向应任政委。

日军驻冀中有两个半师团的兵力和几万伪军。在第120师到达之前，日伪军已对冀中地区进行了两次大规模的“扫荡”。此时，他们又纠集7000余人，从东、西、北三面向高阳、任丘、肃宁、河间地区进行第3次围攻，企图将根据地分割包围，然后各个消灭。

贺龙、关向应带领第120师主力经过长途跋涉，到达冀中，还没来得及喘息，便立即投入到反“扫荡”斗争中。他们在河间、安平、文安、献县等地，连续粉碎了日伪军的第3次、第4次、第5次疯狂围攻，沉重地打击了日伪军的嚣张气焰，极大地鼓舞了根据地军民坚持平原游击战争的斗志和必胜的信心。

在对敌斗争中，第120师指战员迅速掌握了平原游击战争的基本规律：冀中平原敌人据点稠密，道路四通八达，我军的宿营地都在敌据点10

公里之内，随时随地有遭敌袭击的可能。因此，要求部队必须组织精干、行动灵活，还要各自为战；部队不能久住一处，要经常转移，防止敌人偷袭；为了隐蔽部队的行动企图，必须昼宿夜行。

八路军第 120 师到来后，日军酋杉山元急得像热锅上的蚂蚁，焦躁不安。他知道，如果冀中保不住，想把华北变为侵略基地的梦想就难以实现。于是，他从沧州调来日军王牌“渡佳行联队”吉田大队，加上其他驻守的日伪军共 2 万多人，准备分十路进行新一轮的大规模扫荡。

1939 年 4 月 20 日，曾经血洗南京城的吉田，带着 800 多人，每人胸前挂着一枚勋章，目空一切地分乘 50 多辆汽车到达河间县城。第二天，便携带三八野炮、轻重机枪，还有 80 多辆满载给养弹药的大车，会同驻扎在河间周围的 2000 多名伪军，一齐向城北扑来，妄图一举歼灭八路军及游击队。

这时，第 120 师正集结在河间东北的大朱村、齐会一带进行休整。关向应和政治部主任甘泗淇到晋察冀军区帮助第 3 纵队整军，刚回到冀中就正好赶上了敌人的这次行动。他顾不上休息，就找贺龙商量。

贺龙见到关向应首先说道：“关政委，我看眼前有一场恶战要打。”

“是啊，我们粉碎了鬼子的3次围攻，吃掉他那么多人，他还不急眼？他们正在四处找我们，就是想和我们拼一拼嘛！”

“鬼子想和我们拼，我也想集中优势兵力，打他一个歼灭战呢，吃掉他那个什么王牌联队。”

“好！这次我们得到了扩编，冀中部队也有7个团的兵力，我在回来的路上想，打赢这场歼灭战是有绝对把握的。”

“怎么，你早想到了这一步？”贺龙高兴地问。

“这是形势逼出来的嘛！”关向应信心满满地说道。

“大战之前，战士们的情绪怎么样啊？”关向应拍了拍甘泗淇的肩膀说，“甘主任，回头你在会上，把了解到的战士们的情况好好讲一讲，这些日子你辛苦了！”

师部军事会议正开着，不远处传来隆隆的炮

声。一个参谋进来报告："师长，敌人离我们只有5里地了。"

"他要来就来吧，我们又没有不让人家来的权力。"贺龙风趣地说道。

过了一会儿，参谋又来报告，敌人已从3里外的村庄过来了。

会议研究决定，在齐会这里打个歼灭战。

齐会是冀中平原上一个较大的村庄，有400多户人家，近2000人。一条南北大街横贯全村，村子西、南、北三面都有树林、坟地和小丘，地势复杂，易守难攻，有利于阻击。而村东地势平坦，视野开阔，房屋坚固，利于防守。村四周有通往其他各村的交通沟，村南有一座石桥，桥下有大水坑。正因为齐会地形如此独特，所以才要把敌人引向这里，然后再让他们钻进十面埋伏之中。

过了一会儿，侦察员又来报告说，日军吉田大队今晚宿营三十里铺。

三十里铺在齐会以西，隔着一条古洋河。贺龙听了，像听到喜事一样，高声地对大家说："看来，这个仗非打不可啦！今晚大家辛苦一下，熬个夜，把工事挖好，鬼子来多少，我们就消灭他多少！”

战士们听说要打大仗，都非常兴奋。

贺龙决定，先由两个团把吉田大队引诱到齐会，然后分割包围。其他部队负责打援，争取一举歼灭敌酋杉山元的王牌军吉田大队。

关向应说道：“我完全同意。就把负责拖住敌人的任务，交给第6团第3营担任吧。”

年轻的王祥法营长满怀信心地说：“请师首长放心，我们一定完成任务！”

贺龙、关向应笑了，他们对号称“铁军”的第3营是放心的。

这时，贺龙看着国际组织派来支援中国抗日的加拿大医生白求恩大夫，关切地问：“白大夫，你的医疗队放在哪里好？”

白求恩站起来，也像王营长一样坚定地说：“报告师首长，我的意见把手术队放在齐会附近的一所小庙里。”

“为什么？”

“因为那里是战斗中心，战士们需要我们和他们在一起。”

“白大夫，你讲得很有道理。可是不行。”贺龙看了一下关向应。

关向应温和地说：“白大夫，可不可以另外考虑一个地方？”

“为什么？”白求恩问。

“因为这是一场恶战，你的手术队在齐会附近太危险了。”

“报告师首长，正因为这是一场恶仗，伤员一定会很多，才更需要我们。至于我的安全，请首长按一个普通的党员的标准来要求我，给我安排任务吧。”

贺龙、关向应还能说什么，他们感动了，与会的干部们也感动了。关向应非常钦佩地说：“谢谢你呀白大夫，你为我们的干部作了一次简短却又非常生动有力的战前动员啊！”

“同志们！”贺龙握着烟斗说，“现在作战，主要是靠党的力量。我们的党员在这次战斗中，都要向白求恩同志学习。祥法同志，白求恩同志就在你们身边吧，和你们一起战斗！”

“一定要保护好白大夫！”关向应嘱咐了一句。

王祥法向师首长保证后，转身向白求恩大夫行了一个标准的军礼。

4月23日一早，吉田大队放火烧了三十里铺后，沿着公路向东行进。过了古洋河，搜索了几个村子，没发现八路军踪迹，便胆大起来，督促着人马直奔齐会而去。前面的几个尖兵刚到村沿，便踩响了地雷，吉田十分恼怒，也十分高兴，以为找到了八路军主力，立刻兵分三路，从北、西、南三面向齐会进行围击。

战斗打响后，一切按预定方案进行。吉田大队包围了齐会和第3营后，贺龙命令第716团派出一个营将敌人反包围。这时，任丘等3处的日军全部出动，前来援救吉田，结果都被我早已埋伏的部队阻击回去。吉田大队一下子成了孤军，贺龙怕他逃跑，又在多处安排了埋伏。

战斗激烈地进行着，吉田大队伤亡惨重，无奈之下，他向八路军施放起了毒瓦斯。毒气在战士们中弥漫，有的晕倒了，有的被熏得喘不过气来。贺龙和身边的参谋也中毒了，一时呼吸困难。这时，白求恩大夫带着医疗队和担架队跟了上来，他们把一块块带水的毛巾、一个个打湿的口罩和一片片湿布塞给战士，让战士们捂住鼻子和嘴。有的战士干脆就从身上撕下布片，用尿打湿后捂在嘴上。贺龙休息片刻，又爬起身来继续指挥。

贺龙、关向应亲临前线指挥，极大地鼓舞了指战员，他们越打越来劲……战斗打了三天三夜，最终获得了全胜。

这次战斗，除了狡猾的吉田逃跑外，这个日军王牌大队 800 多人全部被歼。此役不仅震动了华北，鼓舞了人民抗战热情，也创造了平原作战的经典范例。

回师晋绥根据地

1939 年 12 月，国民党顽固派在全国范围内再次掀起反共高潮。山西土皇帝阎锡山，紧步蒋介石的后尘，一手制造了蓄谋已久的“晋西事变”，血腥屠杀和镇压山西新军和革命青年，进攻八路军驻地，晋西北局势一时严峻起来。

中央军委电令：“贺、关立即出发，到晋西北指挥作战，愈快愈好。”

1940 年 1 月，关向应和贺龙率第 120 师主力冒着风雪离开冀中，他们通过敌人一道又一道严密的封锁线，日夜兼程，长途跋涉 1000 多里，于 1 月下旬回到晋绥根据地，会同由滕代远等组成的晋西北行动委员会，统一指挥晋西北的八路军及新军。

晋西北局势刚刚稳定，日军便跟踪而来。2 月 23 日，日军调集 1 万多人，兵分三路对晋西北进行春季“扫荡”。晋西北根据地的上空硝烟弥漫，全区无时不在战斗中。

由贺龙、关向应率领的 120 师主力部队一回到晋西北，便投入到激烈的反“扫荡”战斗中，经过几场殊死的搏斗，不仅粉碎了日军的残酷“扫荡”，还收复了被日军占领的方山、临县、岚县 3 座县城和三交、河口、马坊、东村、普明、娄烦、圪洞、岔口、安业等 11 个集镇。

敌人的春季“扫荡”被击退后，6月7日，又出动2万多兵力进行夏季“扫荡”，这次直接向晋西北根据地腹地袭来。敌人以其绝对优势兵力，紧跟八路军主力，实行连续的分进合击。为此，关向应和贺龙决定将部队化整为零，采取声东击西、分股合击的游击战术，与敌周旋，避其锋芒，在运动中消耗与疲惫敌人，创造分别消灭其一路的有利条件。由于八路军熟悉地理地形，又得到了当地群众的积极支持，所以始终牵着敌人的鼻子转，把日军引进深山峡谷，利用晋西北山高坡陡、沟壑纵横的有利地形，打得日军首尾不能相顾。

7月初的一天，驻扎在兴县城关附近的2000多名日伪军，准备沿蔚汾河经界河口东撤回岚县据点。贺龙、关向应得知这一消息，决定给敌人一次伏击，打个歼灭战。于是命令第358旅、独1旅各两个团，以及独立第3支队、第5支队，迅速赶到日军必经之路的二十里铺至明通沟村一线设下伏击圈。

贺龙随先头部队先走，走时一再劝说关向应

不要亲临前线。可关向应坚持要带一支部队到前线去，说：“我可不能失掉这次消灭日寇的大好机会呀！”

这天，天刚蒙蒙亮，他像往常一样，身穿一件半旧的和军帽颜色相同的军衣，腰扎皮带，脚穿布鞋，腿上打着绑腿，浑身上下干干净净，整整齐齐。虽然脸色苍白，但他浓黑的双眉下那双眼睛仍然炯炯有神。

警卫员小张不解地问：“政委，您又不是去作报告，干吗穿戴得这么整齐？”

“我们是军人。军人就应该有军人的风度。我们又是八路军，更得有个好的军容。”

小张小心地说：“政委，您身体有病，贺师长说让您不要去了。”

“有病也不应该特殊。打仗不到前线怎么能行？”

他们踏着黎明出发了。关向应的脸上充满了参战的喜悦，骑在马上，腰板挺得笔直。突然，关向应的脸色阴沉下来，跳下马，向路边的一块谷地走去。

战士们这才看明白，原来这一片庄稼被马踩坏了。警卫员小张小声地说：“政委，一定是骑兵昨晚急着赶路，不小心踩坏的。”

“你说得很对，现在你马上去查一下，这块地是哪家老乡的。查清后，代我向他们道歉，并说明我们一定赔偿损失。”

“政委，现在正要上前线，您又有病，我怎么能离开您呀！”

“小张，我身体没问题的，你快去吧。不要光想到首长的安全，你要想到，这块地的老乡看到自己的庄稼被部队踩坏了，会生出许多想法的。我们不能让老乡对我们的军队产生任何不良的看法。”

“政委，打完仗再去吧。”小张近似哀求了。

“不行，侵犯群众利益的事，必须马上去检讨、去说明。因为我们是人民的军队，人民比首长重要。”

小张无可奈何地走了。他是个入伍不久的新战士，他真没想到一个赫赫有名的师政委在行军途中，这么看重群众纪律。

7 月 4 日，当日伪军先头部队走到二十里铺以东的阳会崖时，突然遭到八路军第 120 师的猛烈袭击。这里是一个深山峡谷，八路军抢占在两面的山头上，各种枪炮和手榴弹一齐打向在峡谷中行进的日军，敌人无法组织有效的还击，逃也无处可逃。日军指挥官挥舞着战刀，逼着日伪军进行反扑，可不管敌人如何挣扎，也躲不过从两面悬崖上投下来的手榴弹。

日伪军无法突围，只好退守在白崖沟和阳会崖的峡谷里，向驻守在忻州的日军求援。他们在峡谷中整整趴卧了一天两夜，直到由保德派来的增援部队赶到，才被接应回静乐。

此次战斗共歼灭日军 500 多人、伪军 200 多人。这场漂亮的伏击战，又给日军以沉重的打击，迫使日军不得不结束夏季“扫荡”。

战斗结束后，关向应在营级以上干部会上，总结了这次伏击战所取得的巨大成绩，同时也对骑兵踩坏庄稼这件事进行了批评。他耐心地说道：“我们的军队来自人民，为了人民。保护人民群众的利益是我军建设的宗旨，要想取胜于敌，首先要取信于民。否则，我们将成为无源之水，还谈什么抗日，更不要想胜利了！”

散会后，骑兵部队的干部们，立即召开了全体军人大会，重申三大纪律八项注意，特别强调了遵守群众纪律问题，并亲自登门向老乡赔礼道歉，赔偿了损失。老乡感动得连连说：“你们真是人民的好军队啊！”

关向应和贺龙率领第 120 师主力回到晋西北以后，战役战斗一个接一个。这时，病痛不断地折磨着关向应，他的身体日渐消瘦，但还总是坚持留在前线，和贺龙一起指挥作战。尤其是在粉碎日军大“扫荡”的日子里，他咳得更加厉害了，身上瘦得皮包骨，大腿比一般人的胳膊还细。贺龙几次劝他回延安治病，他都说：“我会去治病的，只是现在不行。不粉碎日寇的大‘扫荡’打完，不把晋西北根据地建成保卫党中央的铜墙铁壁，我是不能走的。”

8 月 20 日，日军的大“扫荡”刚一结束，华北各解放区部队向日军发起的百团大战又随即打响。为配合作战，关向应和贺龙带领第 120 师主力，在同蒲铁路北段展开了空前的破击战，打得晋西北各据点之敌蒙头转向，惊慌失措。在百团大战三个阶段中，第120师共作战233次，毙伤日伪军4720余人，俘虏日伪军201人。同蒲铁路北段在短时间内完全被切断，忻（县）静（乐）公路、汾离公路也遭到严重破坏，有力地迟滞了日军的行动。战斗是在异常困难的条件下进行的，第120师也付出了很大的代价。

11月7日，晋西北军区成立，贺龙担任司令员，续范亭任副司令员，关向应任政委，统一领导根据地的军事斗争和建设工作。在全师政治工作会议上，关向应要求各部队积极参加晋西北根据地的经济建设，并要做好长期的艰苦建设的思想准备。他说："部队没有巩固的抗日根据地作依托，没有对根据地进行长期的政治、经济建设，部队就无法存在。根据地的巩固与建设，要依赖部队之支持，部队与根据地有着不可分割的有机联系。所以，部队对根据地负有建设的责任，决不能漠视而不关心。"同时，他还批评了那些忽视根据地建设、不关心党的各项方针政策和不顾群众利益的错误倾向。

1941 年 9 月，在中国共产党召开的晋西北高级干部会议上，会议代表根据全体人民的意愿，向贺龙、关向应、续范亭及全体将士们发出了慰问信，高度赞扬了他们为建设晋西北抗日根据地所建立的不朽功绩。信中说道：“你们对于晋西北的功绩永不磨灭！你们过着异常艰苦的生活，但是你们并没有因为生活困难，而松懈对敌人的斗争和自身的训练，而且你们更以同样英勇的姿态，投身于根据地的生产建设。晋西北洒下了你们的血汗，晋西北将在你们的血汗培养下而日益壮大起来。”

人们常说：“贺老总有三宝：亚五亚六（指第 358 旅第 715 团、第 716 团）、战斗篮球队和战斗剧社。”也有的说：“120 师有三好，仗打得好，球打得好，戏演得好。”战斗剧社向来是贺龙心目中的瑰宝，是关向应呕心沥血培养成长起来的一支战地宣传队，对于宣传党的政策、加强军民关系、鼓舞部队战斗力发挥了重大而独特的作用。

关向应不但关心战斗剧社的发展方向，关心剧目的创作和演出安排，还关心剧社战士们的生活、学习，关心他们的成长进步。剧社创作的每部剧目，他都要亲自审改多次，每逢新剧排练及上演时，他都要同创演人员研究探讨。战斗剧社在艰险的环境中坚持为前线服务，为广大人民群众服务，成为了部队一支不可多得的战斗队。四幕话剧《八百壮士》、七场歌剧《农村曲》和新型歌剧《平原游击战舞》等几个规模较大的节目，演出多场，不仅受到部队广大战士的喜爱，也深受当地人民群众的欢迎。

战斗到最后一息

1940 年 11 月，关向应的肺结核病情逐渐恶化。党中央和毛泽东十分关心，多次要他回延安治疗。无奈之下，关向应只好暂时放下他日夜操劳的晋西北根据地的工作，来到延安治病。

经过医生的精心治疗，关向应的病情有了一定的好转，但他始终牵挂着前方的战事和根据地的建设。1941 年年初，他不顾医生的劝阻，又坚决回到了前线。

关向应一回到晋绥边区，就立即投入到紧张的工作中，不停地下部队搞调研，组织开会和座谈，帮助群众恢复被敌人破坏的根据地。夜以继日的辛劳，使稍有好转的病情又更加严重了。

一次，关向应接连开了四五天会，累得吐血不止。党组织研究后决定强行把他送到黄河西岸的谷府县彩林村军区医院治疗。他到军区医院后，人虽在病房，心却时刻挂念着前线，不停地阅读电报、文件，了解前方的战况，还经常给在前线的贺龙写信，提出各种建议和想法。师里来人看望他，他总要问师长贺龙身体怎样、外出时都有谁跟着去、带了哪些警卫员、骑的是哪匹马，样样都要问得很仔细。

前方医院缺医少药，关向应又是个闲不住的人，在彩林村医院治疗了几个月，病情仍不见好转，且愈加严重。党中央一直关注着他的病情，中央卫生处在延安医院附近专门为他安排了一处窑洞，并对他的下一步治疗作了妥善具体的安排，要求他再次回到延安接受治疗。

1941年10月初，贺龙来到彩林村军区医院亲自送别关向应去延安。这两位志同道合出生入死的老战友，在一起战斗了8年多的时间。无论在多么艰苦的岁月里，他们始终在一起行军、作战，也总是住在一个房间，形影不离。现在就要分开了，贺龙是多么舍不得呀！关向应又是多么不愿啊！不情愿离开他曾经洒下汗水和心血的战场，不情愿离开正在建设中的晋绥边区，不情愿离开一起战斗的战友们……

在延安治病的日子里，每当有人来看望关向应时，他总是不停地询问外边发生的事情，同前来看望他的同志谈前方战事，谈抗日战争的进程，谈晋绥边区的工作，谈部队的教育和干部的培养。

有一次，苏联阿洛夫同志来看他。两人谈论起国际上发生的政治变化，谈得十分投机。临别时关向应兴奋地对阿洛夫说："中国人民一定会胜利的，非胜利不可。"

关向应一生南征北战，打了很多恶仗硬仗，但他却不喜欢战争。他说："在战场上是没有悲哀情绪的，这很奇怪；可是过后你会回忆起那些自觉死去的同志。在战场上，死是完全自觉的，有时候明知道会死，还是要慷慨去赴死，因为脑子里有一个信念：将来不会再有战争了。”

关向应住院后，贺龙特意派了身边最得力的秘书陈梦还前去照顾，要他随时报告关向应的病情变化。

一天，陈梦还回到司令部，贺龙丢开手中的一切工作，急切地问他：“政委的病怎么样了？”

陈梦还说：“情况不是很好。”

贺龙听后，眼睛一下子就湿润了，好一阵没说出话来。过了一会儿，贺龙才问道：“政委想吃点什么？”

陈梦还说：“只能喝点汤。”

贺龙立马吩咐：“你用一只整鸭炖汤，炖到八成火候，把鸭子取出来，片下脯子上的白肉剁烂，做成一个大肉饼，再放进汤里炖。这样所有的鸭油就被肉饼吸收，沉到底下去，鸭汤会变得像清水一样，可营养都在里面。你照这个方法做汤给政委喝，他总能喝下一些的。”吩咐完，他又自言自语地说道：“这么多年来，我和关政委打仗在一起，睡觉在一起，比夫妻还亲，如今他……”说着说着就说不下去了。

1942年年初，贺龙到延安参加整风学习。他一到延安，就急忙去看望关向应，向他介绍最关心的部队情况和根据地的建设，讲同志们对他的思念。关向应见到贺龙，病情似乎一下子好转了许多。

中共中央决定在全党范围开展整风运动，对全党干部进行一次马克思主义教育运动。躺在病床上的关向应，回顾党20多年来所走过的曲折道路，深深地怀念那些为共产主义事业而牺牲的先烈。他和同时住院的张浩同志，经常一起研究党的整风问题，总结党内斗争的经验教训。他们向党中央建议，为我党早期的卓越政治活动家林育南、何孟雄、李求实等烈士平反昭雪，这些同志都是被王明诬陷成右倾机会主义者的。中央接受了他们的建议，在1945年通过的《关于若干历史问题的决议》中肯定了这些同志的历史功绩。

1942年5月13日，中央军委决定在延安设立陕甘宁晋绥联防军司令部，病中的关向应被任命为政委。8月下旬，中共中央晋绥分局成立时，关向应又任分局书记。

1945年4月24日，中国共产党第七次全国代表大会开幕的第二天，关向应因病重不能参加会议，他专门写信向党和全体同志告别，信中写道："我在此临死弥留之际，谨向党的领袖，谨向党的第七次代表大会，谨向全党同志紧握告别之手。切望全党同志无论在任何时候，都在毛泽东同志领导下奋斗前进！全党全军应该像一个人一样，紧密地团结在毛泽东同志所领导的中央周围，相信我们的党和中国革命是一定要得到最后胜利的。"在这次代表大会上，他继续当选为中共中央委员。

1945年8月15日，日本政府乞求投降的消息传到延安，关向应兴奋得彻夜未眠。他回想起从小目睹日本帝国主义在中国犯下的滔天罪行，回想起与日本侵略军在战场上的殊死拼杀，现在敌人终于在强大的中国人民面前投降了，自己毕生为之奋斗的民族独立、人民解放的愿望即将实现，看到了抗战胜利的曙光，顿时释怀了许多。

关向应治病期间，党中央和毛泽东非常关心

他，在物质条件困难的情况下，尽量给他安排较好的生活待遇。但他总觉得这样花费太大，十分不安，常对身边的工作人员说："经济上要注意节省，革命是长期的。"

一天，毛泽东到医院看望关向应，关向应连忙下床迎接。毛泽东几步走过来，伸手扶着关向应，连声说："小关，你莫要下床，我是来看病人的，你要下床，我如何安心！快躺下。"

关向应只好又半躺在床上。

毛泽东对站在身边的医生说："你就是关政委的主治医生吧？"医生连忙说是。旁边的护士李冰插话道："他是黄医生，医术很高明。"

毛泽东说："好！有你这样的好医生，我们关政委的病，是大有希望治好的。"

医生却说："主席，只是关政委不好好配合我们治病。"

"有这样的事吗？"毛泽东望着关向应，"我们的关政委为党为国忠心耿耿，怎么会不配合你们呢？"

黄医生坚持说："毛主席，这是真的。根据关

政委的病情，我们经过会诊决定，用盘尼西林治疗比较有效。可是只给他打了几针，他就不让再打了。”

李冰接着说：“关政委总怕自己用得太多，影响给其他重伤员使用。”

毛泽东拍着关向应枯瘦的手说：“你看你病成这个样子了，怎么还不拿自己的身体为重？从今往后，只要能把病治好，不管用什么药，都得和大夫配合。你听到没有？”

关向应只好说：“好！我以后配合就是。病好之后，努力工作，报答这些盘尼西林吧。”

1946 年 1 月，刘少奇和彭德怀受党中央的委托，前来医院看望关向应。他们来到病房，仔细地听了黄医生的介绍，脸上充满了焦急和担心。

黄医生说：“关政委一连 4 天呕吐不止，不能吃东西，病情比较危险。”黄医生还难过地说道：“关政委在病中多次说：‘告诉我，我还能支持多久？我并不怕死，主要是你们要给一个时间，让我把事情安排清楚。’”

“关政委今天怎么样了？”彭德怀急着问。

“今天比昨天见强，呕吐已经止住了。”

“谢谢你黄医生！”刘少奇紧紧地握着黄医生的手，连连说，“党中央很关心关政委的病，希望你们务必将他治好。”

“我会尽力的。”黄医生说，“只是他的病情很重，希望您们看望时，不要时间太久，否则，他的病会加重的。”

“好，我们一定按你的意见办。”彭德怀点点头。他们放轻了步子，走进了关向应的病房。

黄医生的话是有道理的。关向应住院后，贺龙、王震等同志每次来看他，谈话时间都很长，他们之间总是有说不完的话。他们走后，关向应由于激动、劳累，病情加重了。因此，黄医生才狠下心来，规定在关向应病重期间，任何人一律不准探视。今天，这两位是党中央的高级领导，他不得不破例了。

到 5 月底，关向应的病情更加恶化，不能吃东西，连一口水也都咽不下去，更是无法讲话。有时疼得无法睡觉，脸上的汗珠子直往下滚，但他始终咬牙强忍着。最痛苦的时候，他坚定地说：“我是共产党员，痛苦并不可怕，我必须坚持住，等熬过了这个痛苦，我还要为党工作 10 年到 20 年。”

1946 年 7 月 21 日 22 时，饱受病痛折磨的关向应，带着无尽的眷念，离开了他深爱的战友和挚诚追求的伟大事业，享年 44 岁。

尾声

关向应逝世后，中共中央沉痛地向全党、全军、全体人民发布了讣告，宣布中国共产党优秀的领导者、第120师政委关向应同志在延安逝世的消息。由毛泽东、朱德、刘少奇、任弼时、彭德怀、贺龙等11人组成治丧委员会。1946年7月23日，在延安东关外飞机场墓地隆重安葬。

早上6时，朱德总司令同任弼时、彭德怀、林伯渠、徐向前、蔡畅等同志，以及机关、学校代表400余人护送灵车前往墓地，沿途机关干部及群众伫立路旁，悲痛地为敬爱的关向应送别。

上午8时，举行了隆重的安葬仪式，送葬代表及延安各界群众5000余人肃立墓旁。朱德总司令致悼词，他说："关向应同志一生为革命做了很多工作，在战场上，在监狱中，都表现了英勇坚决的布尔什维克品质。由于长期的与敌人搏斗，以致辛劳成疾。今天他死了，全党全军要继任他的遗志，为完成中华民族独立和平民主事业而奋斗到底。”随后，鸣礼炮11响，关向应同志灵柩在哀乐声中下葬。

毛泽东、朱德、任弼时、贺龙、聂荣臻、续范亭等同志，为失去这样一位亲密战友深感悲痛，他们写下了感人肺腑的挽联、挽词，寄托自己的哀思，高度评价关向应的一生。

毛泽东的挽词是：

忠心耿耿，为党为国，向应同志不死！

朱德的挽词是：

模范的共产党员，终身为革命奋斗，百折不屈，死而后已。以志关向应同志千古！

任弼时和关向应从早期的共青团中央机关，到湘鄂川黔、陕北，并肩战斗几十年，共同经历过艰辛的岁月，战斗情谊尤其深厚，他的挽词哀婉感人：

你对人民事业的忠诚，你的优良作风与伟大功绩，给全党与全国人民留下了永恒的追念。在你长期的艰苦奋斗中，你损坏了健康，以致久病不治，壮年逝世，这是全党的不幸，人民的不幸，也是作为老战友的我个人的不幸！你未竟的事业将由全党同志来继承，你在九泉之下安息吧！

贺龙得知关向应病逝的消息更是万分悲痛。当天，他正在主持晋绥高级干部会议，噩耗传来，会场一片肃穆。贺龙一时无法排解心中的悲伤，一个人走出会场，在院子里徘徊，脸色异常阴沉，多少往事涌上心头。他写下了挽词《哭向应》，表达了对亲密战友的哀思：

一生中最真挚的战侣，你先我永逝了，辞去了你亲手抚养的部队，辞去了千百万人民，还辞去了你的难友——“芸青”。

整整十五年，你我同生死，共患难。洪湖、湘鄂西、鄂豫川陕边，酷暑炎天；湘鄂边、湘鄂川黔、云贵川、甘陕，雪山草地，西安平原；踏晋绥，出河北，几万里长途征战，入死出生。无论在战场上，工作中，也不管在茅庐草舍，大厦高堂，我记不出何时不在一起，何战有所分离。而今，你我是永别了，翘首苍天，你是音容宛在，而我则寝不成眠。

你的革命的一生——出身于纯正的无产阶级，参加团参加党，直到成为团、党最完备的一个领导人。你在牢狱中，战场上，艰苦备尝、顽强对敌，从没有计较过个人，你掌握着毛主席的思想与作风，高度的原则，诚挚的精神，严己宽人。

你死了，悲痛了千万人的心，我要把悲痛变成力量，我对你沉痛的纪念，就是永远以我的心血，实践你临床恳切深谈的遗言，革命完全胜利之日，就是你含笑九泉之时！

挽词哀沉凄婉，催人泪下。这是对战友真挚的热爱，是任何私人情谊所不能比拟的无产阶级的革命情谊。贺龙和关向应，从1931年起，直到1941年关向应回延安治病前，两人从没分开过。从内战到抗战，他俩率领部队经历过成百上千次的战斗。长期以来，贺龙指挥军事，关向应领导政治工作，两人配合默契，协调一致。人们从没见过他们在原则问题上有分歧，每次作战任务都完成得很好，渡过无数道险关，取得一个又一个胜利。

关向应是晋绥根据地的缔造者，对晋绥地区的建设立下了不朽的功勋，是晋绥人民敬爱的领导人。他逝世的噩耗传到晋绥前线后，全根据地的党政军民都沉浸在深深的悲痛之中。

7月25日，晋绥边区行政公署发出通告，要求全体军民下半旗志哀，停止娱乐活动一周。各机关、工厂、学校、部队人员一律戴黑纱一周，以示哀悼。

8月1日，晋绥根据地隆重举行追悼大会。灵堂设在兴县城内，四面八方的群众一万余人，冒着炎热酷暑，扶老携幼，络绎不绝，结队来到庄严肃穆的灵堂，默默地向自己敬爱的领导人关向应告别。

贺龙在追悼大会上致悼词，他声泪俱下，泣不成声，整个会场沉浸在极大的悲哀之中。许多群众虽不熟悉关向应的生平事迹，但都知道他是中国共产党的优秀领导者，是晋绥解放区的缔造者之一。根据地的群众深切地明白，共产党对他们恩深似海。他们知道关向应是共产党的优秀领导干部，是为晋绥边区的人民劳累病倒的，因此对他的病逝，都深感悲痛。兴县城内水门街的全体群众，自发地送来挽联，上面写着“永记心头，永世不忘”，表达了晋绥军民的共同心声。

关向应同志把自己的一生献给了共产主义事业，在长期的革命斗争中，历尽艰辛，鞠躬尽瘁，为我国青年运动和工人运动的开展，为党和人民军队的建设，为革命根据地的创建和巩固，为争取中国人民的解放事业和共产主义事业的胜利，建立了不朽的功勋，必将在全国人民心中一代一代地传诵下去，永垂不朽！

新中国成立后，为了纪念这位伟大的无产阶级革命家，1964 年，家乡人民在关向应的出生地——辽宁省大连市金州区大关屯176号，修建了关向应纪念馆。把原金县县城的和平广场易名为“向应广场”，并在广场上竖起关向应身着戎装、骑跨战马、英姿威武的铜像。

1989年7月，金县人民政府对关向应纪念馆进行了改扩建，国家副主席王震题写了馆名，2001年被中央宣传部命名为全国爱国主义教育示范基地。

2002年，在关向应诞辰100周年之际，党和政府又对关向应纪念馆进行了大规模改建，2005年被纳入全国100家红色旅游经典景区之一。

2007年9月，关向应诞辰105周年时，关向应纪念馆新馆落成，成为AAAA级红色旅游景区。

2009年，关向应被中央宣传部、中央组织部等11个部门评为“100位为新中国成立作出突出贡献的英雄模范人物”之一。

后　记

关向应是中国共产党早期军事领导人，无产阶级革命家、军事家，中国工农红军和八路军高级指挥员。虽因病英年早逝，却由于他对中国革命卓越的历史功绩，在党和人民军队的历史上，享有重要地位。能为这样一位叱咤风云的伟大人物写传，既是向老一辈革命家学习的宝贵机会，也是心灵接受党的光辉历史洗礼的最好方式。

在编写本书时，考虑到本书主要面向青少年读者群体，笔者力图多从正面反映党史进程和关向应的个人魅力、独特经历和卓越功绩，且尽量通俗易懂，脉络清晰，避繁就简，突出重点，简要展示关向应伟大光辉的一生。有关关向应的史料很多，由于篇幅所限，不能全部涉及。加之水平不足，错漏难免，不妥之处，敬请老前辈和史学工作者批评指教。

在编写过程中，得到了军事科学院军队政治工作研究院领导和机关的大力支持；赵一平、康月田、张明金、李平、李博、陈政举等多位专家学者进行了审读，提出了宝贵的意见。

主要参考书目：《关向应传略》（穆欣著／中共中央党校出版社）、《解放军烈士传》（总政组织部编／解放军出版社）、《中共党史人物传——关向应》（中共党史人物研究会编／人民出版社）、《“100位为新中国成立作出突出贡献的英雄模范人物”——关向应》（王晶编著／吉林文史出版社）、《关向应的故事》（李藉堂著／河北少儿出版社）、《关向应传》（王凌云著／河南人民出版社）、《关向应纪念文集》（大连市史志办公室编／大连出版社）。在此，谨向以上参考书目的作者编辑，致以诚挚的谢意！

图书在版编目（CIP）数据

关向应 / 军事科学院解放军党史军史研究中心编. --北京：学习出版社，2022.11
（中华先烈人物故事汇）
ISBN 978-7-5147-1100-4

Ⅰ.①关… Ⅱ.①军… Ⅲ.①关向应（1902—1946）-传记 Ⅳ.①K827=6

中国版本图书馆CIP数据核字（2021）第254518号

关向应
GUAN XIANGYING
军事科学院解放军党史军史研究中心

责任编辑：彭绍骏　沈潇萌　　封面绘画：刘书移
技术编辑：朱宝娟　　内文插图：韩新维
美术编辑：杨　洪　　装帧设计：楠竹文化

出版发行：学习出版社
北京市东城区崇外大街11号新成文化大厦B座11层（100062）
010-66063020　010-66061634　010-66061646
网　　址：http://www.xuexiph.cn
经　　销：新华书店
印　　刷：北京盛通印刷股份有限公司

开　　本：787毫米×1092毫米　1/32
印　　张：5.625
字　　数：80千字
版次印次：2022年11月第1版　2022年11月第1次印刷

书　　号：ISBN 978-7-5147-1100-4
定　　价：22.00元